La boîte à outils des écrits professionnels

Groupe Eyrolles
61, bd Saint-Germain
75240 Paris Cedex 05
www.editions-eyrolles.com

Du même auteur chez le même éditeur :

La Boîte à outils du chargé de communication
L'Art des relations presse
Le Dossier et le Communiqué de presse
La Veille média et la Revue de presse
Le Déjeuner et la Rencontre avec un journaliste
Entreprises et marques : les nouveaux codes de langage

Chez d'autres éditeur :

© 2013, *Le Langage des dirigeants : une métamorphe*, Les Éditions de l'Institut de la qualité de l'expression
© 2012, *Storytelling et contenu de marque*, Ellipses

ISBN : 978-2-212-55653-7

Jeanne Bordeau

La boîte à outils des écrits professionnels

EYROLLES

Pour Jules,
qui vit avec le Bled
depuis l'enfance.

Sommaire

Avant-propos 11

LES GRANDES LOIS DE L'ÉCRIT 15

Les sources de l'écrit 17

Avant la page blanche, l'écrivain voyage... 17

Premières armes : de l'usage du carnet vagabond 19

Repérage et mises en séquences ou comment faire du quotidien son terrain d'observation 20

Dicter au dictaphone pour mieux écrire 22

Comment faire travailler son imagination 23

Tenir un répertoire des réunions 25

Établir des conditions de travail en chassant l'habitude, le confort 25

Construire trois boîtes à mots et s'en servir 26

La structure 27

Les 5 questions essentielles à se poser avant d'écrire 27

Construire, rassembler, structurer 29

Visée et intention du message 31

La composition 31

Disposer pour commencer de composer 31

Les lois de la composition 32

Des connecteurs, des liens : les chevilles de la logique argumentaire 33

Le ton et la symbolique : trouver son style 36
Les catégories d'écriture 36
Le perçu 37
Considérer le degré de compréhension du destinataire de son message 38

LES ÉCRITS INSTITUTIONNELS 41

Contexte 43
Objectifs 43
Message 44
Cibles 45
Outils 46
Méthode 47
La brochure institutionnelle 47
Le site institutionnel 53
Le discours institutionnel 60
La vidéo institutionnelle et le film corporate 63
La brochure institutionnelle RSE 68

LES ÉCRITS INTERNES 77

Contexte 79
Objectifs 80
Message 81
Outils 82
Le journal interne d'une entreprise 84
L'intranet d'une entreprise 100

LES ÉCRITS STORYTELLING 113

Contexte 115
Objectifs 116
Cibles 117

Outils 118
Message 119
Méthode 119

LES ÉCRITS DE LA MARQUE 137

Contexte 139
Objectifs 140
Message 142
Méthode 145
Le contenu de marque serviciel 145
Le contenu de marque pédagogique 150
Le contenu de marque ludique 156
Le contenu de marque créatif 164

LES ÉCRITS DE LA RELATION CLIENT 169

Contexte 171
Objectifs 173
Message 174
Outils 176
Méthode 176
La lettre 176
Un e-mail ou une réponse à un post ? 179

LA COMMUNICATION DE CRISE 199

Contexte 201
Objectifs 202
Outils 203
Méthode 204
Le communiqué de presse 208
La lettre délicate 218

En guise de postface... le *cloud computing* 225

CAHIER DE STYLE 229

Écriture de la narration 229

Modalités et formes de phrases 229

La longueur des phrases 233

La construction de la phrase 234

La cohérence textuelle 236

Marquer l'engagement 238

Travailler son style 240

Usage de la citation 240

Écriture numérique 241

Écriture de la conversation 242

Écriture épistolaire 245

Variez votre lexique 250

Table des cas 257

Bibliographie 259

Avant-propos

Jeanne Bordeau est la fondatrice de l'Institut de la qualité de l'expression, un bureau de style en langage. L'Institut analyse les langages multiformes de l'entreprise (institutionnels, internes, commerciaux, numériques) et de ses dirigeants grâce à des audits sémantiques et des diagnostics sur mesure. Il modélise les nouveaux codes de langage de l'entreprise par le biais de matrices argumentaires, de chartes et de signatures sémantiques et autres nombreux outils déposés. Il crée une ingénierie pédagogique à la carte et conçoit des programmes de déploiement du langage utilisables par tous les services de l'entreprise et souvent mis en scène au sein de l'entreprise. Il invente des langages adaptés à l'histoire, à l'entreprise et ses dirigeants, à la marque, aux écrits de la relation clients, aux métiers, aux collaborateurs, pour nourrir et amplifier le capital-image et capital- langage de l'entreprise : storytelling et mise en récit.

Comme à l'Institut, ce livre a été écrit à deux mains, à quatre mains, à six mains… en croisant les expertises et les savoir-faire complémentaires : du professeur de français à la linguiste, du storyteller à la spécialiste des écrits de la marque. Il a été composé à partir de méthodes et de pratiques animées et déployées chez nos clients depuis quinze ans. Il provient également de cours et de conférences régulièrement données par Jeanne Bordeau depuis cinq ans.

L'Institut de la qualité de l'expression développe ordonnancement et créativité du langage en veillant à instiller de la pédagogie. Il accompagne chaque jour les collaborateurs de l'entreprise pour développer de la pédagogie, par le biais de projets d'écriture accompagnée, partagée au sein de l'entreprise.

Fort de son expérience auprès de grands groupes institutionnels tels que La Poste ou SNCF, de banques telles que la Société générale, de cabinets tels que Ernst&Young ou d'entreprises industrielles, agroalimentaires et du secteur du luxe, l'Institut développe aujourd'hui un nouveau programme d'écriture accompagnée sur :

- les écrits de la relation client : lettres, e-mails, social CRM ;
- les écrits de la marque : planning stratégique en langage, contenus créatifs, cahiers de style ;
- les écrits du storytelling : charte sémantique, récits ;
- les écrits délicats : notes de synthèses, lettres, discours de dirigeants, argumentaires, dossiers de presse, écrits de crise…

Ce livre a été conçu par Jeanne Bordeau. L'atelier d'écriture a été co-animé par Jeanne Bordeau et Joyce Cohen-Uzan.

Ont contribué à cet atelier Paule Paganon, professeur de français, Audrey Dejardin, linguiste, et Hélène Renard, directeur éditorial.

Quelques inventions de Jeanne Bordeau déposées à l'INPI

La matrice argumentaire, la Charte sémantique, le Baromètre de mesure de la qualité de l'écrit, l'Observatoire de la lettre, l'écriture pédagogique accompagnée, l'Oraloscope, l'école de rhétorique, l'Abécédaire des mots, le Lexico-picturalisme.

Les études réalisées par l'Institut de la qualité de l'expression

2004

La qualité d'expression dans le monde économique

2008

Analyse du discours de 7 entreprises du CAC 40 : différenciation, efficacité et cohérence

Carnet de style : les cartes de vœux

2009

Hauts dirigeants, managers, collaborateurs, patrons, salariés, entrepreneurs, cadres… Quel lexique, quels échanges ?

Les mots du Web : une langue en création

2010

Langage média et langage corporate : cohérences et spécificités

Analyse du discours des crèmes hydratantes et anti-âge de 10 marques internationales (Biotherm – Chanel – Clarins - Clinique – Diadermine – Lancôme – La Prairie – L'Occitane – L'Oréal – Sisley)

2011

Le langage numérique de 6 entreprises (BNP Paribas, Fortuneo, 3 Suisses, Vente-privée.com, Puma, Sarenza)

2012

La marque conversationnelle à l'heure du Web 2.0. Quelles relations la marque tisse-t-elle avec ses clients ?

2013

Les formules de salutation et d'interpellation dans les écrits de la relation clients de six secteurs

Les grandes lois de l'écrit

« Il n'y a pas de mesure à la mesure des mots.
Il ne viendrait à personne l'idée de mettre un frein
à la clarté nue de midi en été. Les mots. Silex et diamant. »

Louis Calaferte

Les sources de l'écrit

Avant la page blanche, l'écrivain voyage...

Pour être sûr de ne jamais parvenir à écrire une ligne valable, se mettre à table immédiatement, placer devant soi une feuille vierge ou encore ouvrir un nouveau document dans Word et attendre en se grattant le haut du crâne... On ne taquine pas les Muses impunément.

Le fameux complexe de la page blanche, menace légendaire ponctuant l'existence de tout écrivain qui se respecte, réservons-le pour plus tard. Comme l'indique le titre de ce premier chapitre, il y a bel et bien une vie avant l'écriture. Avant l'acte, la pensée ; avant l'encre, le voyage. Toutes celles et ceux qui ont marqué l'histoire des Lettres se rejoignent en ce point : l'écriture, quelle qu'en soit la nature, ne naît pas ex-nihilo mais d'une somme d'expériences, livresques ou non, puisées dans l'existence même de l'auteur. Préalablement à toute tentative de rédaction, il s'agit donc de réunir, comme on le ferait pour une recette culinaire, un ensemble d'ingrédients. On écrit si l'on est curieux, si l'on a l'esprit aux aguets.

On pourrait être tenté de discourir, à grands renforts philosophiques, sur la notion d'inspiration. Des siècles durant, nombre de penseurs, artistes, intellectuels et scientifiques ont disserté sur la question. Le débat reste d'une immuable actualité.

Avant d'écrire, voyager. Mieux, vagabonder, se perdre, lâcher prise, se laisser emmener en mille promenades. Voici une première clé. Qui voyage véritablement ne se contente pas de la simple réalité d'un déplacement géographique. Voyager, c'est ouvrir son esprit – et son corps – aux changements alentour. C'est sortir ses cinq sens des habitudes quotidiennes dans lesquelles ils sont conditionnés.

Le billet pour un tel voyage est des moins onéreux. Il ne s'agit pas de filer jouer les reporters de guerre au Mali ni d'aller vadrouiller dans quelque recoin humide de l'Amazonie. La terrasse de café à laquelle vous aimez vous poser le dimanche après-midi après le marché, le strapontin que vous empruntez chaque soir sur la ligne 13, les couloirs du bureau, la salle d'attente de votre médecin ou encore le moindre dîner entre amis sont autant d'invitations au voyage. Partout, à toute heure et en toute compagnie, on peut à sa guise faire son marché de sensations, ses courses d'observations, emplir son cellier de mille et une situations.

Voyager, c'est observer, s'imbiber, s'imprégner, goûter, toucher, écouter. À chaque instant, c'est poser un regard neuf sur ce que l'on veut connaître pour le découvrir autrement. Voyager, c'est une gymnastique intellectuelle. Cela suppose dans un premier temps d'être à l'écoute du monde et d'autrui.

L'orientation de ce changement est celle du spectacle : pour voyager efficacement, il faut être sans cesse auditeur et spectateur. Regarder le décor dans lequel évolue l'autre, se regarder en train de vivre telle situation et les réactions qu'elle occasionne… À tout instant, que l'on soit assis dans son bureau ou déambulant dans les rues, à écouter les nouvelles du jour sur les ondes, ou en accompagnant son manager dans une visite de site, il faut questionner !

Posons-nous des questions

- Où suis-je ? Quelles sont les caractéristiques du lieu où je suis en ce moment ?
- Quelles sont les raisons qui m'ont amené là où je me trouve ? Qu'y fais-je ?

…/…

.../...

- Quelles personnes sont présentes ? Puis-je en esquisser les principaux traits ?
- Quelles sont les différentes sensations que je perçois ?
- Quelles sont les couleurs, les lumières dominantes ?
- Quelle est ma disposition psychologique de l'instant (triste, enjoué, las, excité...) ?
- Quelles matières rencontrent mes doigts (bois de la table, porcelaine de la tasse de thé, zinc du comptoir, velours d'une banquette...) ?
- Par quels signes ou attitudes mon attention est-elle captée (crissements de pneus provenant de la chaussée, soupir de l'assistante surmenée, nervosité du responsable de réunion qui raconte mal une histoire, clignotement d'un néon défectueux...) ?

Ce type d'auto-questionnaire peut être déployé et ajusté sans fin. L'essentiel réside dans la stimulation d'une volonté de dépaysement pour en extraire un nouvel état : celui de voyageur observateur « en distance ». Comme pour toute autre activité, la répétition reste reine ; en reproduisant de tels exercices, on peut parvenir à changer son regard et, dans un même temps, à entrouvrir les portes qui mènent à l'écriture.

Il faut être un juste observateur pour savoir écrire.

Premières armes : de l'usage du carnet vagabond

Rares sont celles et ceux qui prisent les aléas du voyageur en solitaire. Et s'il existe toujours quelque singulière figure s'illustrant dans une périlleuse traversée de l'Atlantique à la rame ou « l'ascension nord d'un fameux népalais » (sic), force est de constater que l'on jouit plus volontiers des joies du voyage lorsque l'on se trouve en bonne compagnie.

Soucieux de ne point laisser le lecteur à la dérive, en ces premiers pas sur le tortueux sentier de l'écrit, nous lui proposons sans tarder un compagnon de route. Voici donc quelques indications destinées à rendre votre carnet vagabond aussi efficace que supportable.

Les cinq règles du carnet vagabond

Le carnet doit être choisi pour son format.

Le carnet doit être pratique (préférer le dos plat au dos carré).

Le carnet doit être solide (préférer la reliure à la spirale, le cousu au collé).

Le carnet doit pouvoir s'inscrire dans une collection (au sein de laquelle on pourra alterner les couleurs) et être numéroté ; une collection que l'on pourra continuer pendant des années.

Le carnet doit être de suffisamment bonne facture pour pouvoir durer.

On peut aussi avoir des dossiers « observation » et « inspiration » sur son ordinateur.

Repérage et mises en séquences ou comment faire du quotidien son terrain d'observation

6 h 45 : le réveil vient de vous extraire du saint somme à coups de grands carillons. L'œil encore inerte, dans un geste incertain dicté par une agaçante tendance à la superstition, vous tentez de passer à la position verticale. Le corridor vous happe, la cuisine vous appelle mieux qu'un tapis roulant. Avant seulement de changer le filtre de la machine à café, la fragrance libératrice vous atteint, vous secoue, vous hydrate et vous sort de votre torpeur. Enfin, ça coule ! Du noir bien noir bien serré ! Alors seulement, vous envisagez l'action suivante : direction la salle de bain…

À l'instar du réveil, choisissez arbitrairement un instant de la journée inévitable : repas, coucher, toilette, lecture de la presse… Dans un premier temps, veillez simplement que la situation choisie ne mette personne d'autre en scène que vous-même. À l'aide d'une feuille de papier, disséquez cet instant en plusieurs phases.

Encore des questions !

- Quel événement introduit l'instant, le déclenche ?
- Quel événement clôt l'instant ?
- Quelle est ma première pensée ?
- Quel est mon premier geste ?
- Quelle est la première sensation à laquelle je suis confronté ?
- Quels sons accompagnent cet instant et quand sont-ils audibles ?

La situation est banale, mais le point de vue l'est rarement. Pour écrire, il s'agit de devenir metteur en scène de sa propre existence ou de celle des autres, de littéralement opérer en post-production. Écrire n'est pas inventer sa vie ou celle des autres. Écrire, c'est jouer les monteurs : on sélectionne dans la matière première (les *rushes*), puis on effectue des collages jusqu'à obtenir une représentation satisfaisante de la situation initialement vécue.

Devenir le cinéaste de sa vie…

Au cinéma	Dans la vie
Image	Image
Plan	Instant
Séquence	Situation
Scène	Enchaînement de situations
Film	Vie

Tout réalisateur, bien avant de s'installer derrière la caméra, commence par ramasser des impressions, et par s'exercer l'œil en visionnant des films et les déconstruisant.

Au cinéma comme dans l'existence, le détail se trouve par définition en bout de chaîne : dissimulé dans chaque image. Ici une saveur, là une couleur, un objet...

Le détail ne saurait donner le ton d'un film, et une seule impression ne pourra pas davantage suffire à produire un écrit.

Le champ d'exercice que nous vous proposons ici est infini. Déconstruisez certaines strates de votre vie quotidienne. Nous verrons par la suite comment les réassembler à votre goût, selon votre plume...

Dicter au dictaphone pour mieux écrire

À l'heure des téléphones mobiles où chaque usager des transports en commun prend peu la peine de faire montre de discrétion lors de conversations privées, l'exercice que nous suggérons relève d'une promenade de santé !

Passons à l'action et entendons-nous

Munissez-vous d'un dictaphone (le cas échéant, réglez l'engin mobile dont il est question plus haut sur la fonction « mémo sonore », ou son équivalence).

Avant de débuter l'enregistrement, relisez le plan « Au cinéma/ Dans la vie » précédemment donné.

Décrivez une situation (le plus simple est de décrire sa promenade) pendant que vous la vivez.

Une fois l'opération achevée, laissez reposer la bande quelques heures.

.../...

.../...

Sur une feuille, notez de mémoire la situation que vous avez vécue.

Procédez à une première écoute de l'enregistrement et comparez avec ce que vous avez noté.

Procédez au montage en recopiant à l'écrit les morceaux choisis de l'enregistrement.

Enfin, relisez à voix haute le résultat de votre travail en vous enregistrant.

Les passerelles entre expressions écrite et orale sont innombrables. Aussi, à divers niveaux et à différentes fins, le magnétophone représente-t-il un instrument de travail indispensable à qui souhaite écrire. Parmi les illustrations célèbres de la relation écrit/oral, on citera l'exemple de Gustave Flaubert qui, pour être certain du degré qualitatif auquel il était parvenu en écrivant un texte, le déclamait à voix haute dans une pièce particulière de sa maison, le gueuloir.

À tout moment d'écriture, il faut se lire et relire à voix haute. L'écriture est une musique.

Comment faire travailler son imagination

Voyager, séquencer, observer... Et l'invention ? Et l'imaginaire ? Si les œuvres littéraires dites de fiction (romans, nouvelles, contes, poésies) sont associées aux notions de créativité et d'imagination, il n'en va pas de même des autres types d'écrits.

Et pourtant ! Quelle lettre, quel article, quel communiqué ou quelle brochure commerciale pourrait prétendre avoir été conçu en l'absence de collaboration avec la fée Inventivité ? Le simple fait de s'exprimer requiert une part d'inventivité : trouver des connexions, illustrer, donner des métaphores et des images...

Pour écrire, il faut donc soigner cette part d'inventivité qui est en nous et la stimuler sans cesse.

L'amie fidèle de l'inventivité se nomme dame Curiosité. Faire preuve d'inventivité commence donc par nourrir son esprit curieux ! En ce domaine, outils et procédés sont légion :

- se tenir informé (lire la presse généraliste, mais régulièrement s'amuser à parcourir un exemplaire de presse spécialisée) ;
- varier les sources d'information sans en favoriser aucune (télévision, Internet, presse écrite, radio) ;
- choisir de s'intéresser à un secteur par mois dans lequel ses connaissances sont inexistantes (art, industrie, économie, sport, géographie) pour aller toujours à la découverte ;
- apprendre à écouter ses interlocuteurs en toutes circonstances (au lieu de passer le plus clair de la conversation à la recherche de ce que l'on souhaite exprimer) ;
- acquérir le réflexe de vérification (dès que nos connaissances sont prises en défaut lors d'une conversation ou à l'occasion d'une lecture, tenter d'y remédier grâce à des outils courants : dictionnaires, encyclopédies) ;
- combattre les tendances orgueilleuses auxquelles nous sommes habitués et favoriser l'humilité pour ses vertus de perméabilité (reconnaître son ignorance d'un sujet permet de lâcher prise et d'accueillir la connaissance de la part d'autrui) ;
- mettre ses sens à l'épreuve du changement (découvrir des préparations culinaires d'autres pays, suivre les nouvelles de cultures différentes…) ;
- apprendre des textes qui vous séduisent pour entraîner et muscler votre mémoire ;
- lire des informations sur le sport même quand on n'aime pas cela.

Tenir un répertoire des réunions

Conserver un carnet de toutes les réunions permet de constater que prendre des notes aide à se souvenir, à comparer, à relier. De nombreux spécialistes du cerveau l'ont démontré : la mémoire est un « organe » qui s'entraîne, qui se maintient au mieux de ses capacités grâce à des exercices réguliers voire quotidiens. Beaucoup d'entre nous estiment au contraire ne pas avoir besoin de l'exercer : ils ont tort.

Établir des conditions de travail en chassant l'habitude, le confort

Sortons d'une image d'Épinal et envisageons l'écrivain sous le signe du lieu commun : comment le voit-on ? Personnage sec, l'œil fatigué, la mine empreinte de l'étonnement continuel. Il travaille dans une pièce sans ordre. En fait, en s'arrêtant sur la caricature du gratte-papier, on découvre un être dont l'existence se singularise par un certain bouillonnement. Cette idée nous amène à aborder quelques conditions propices à un travail écrit de qualité.

Vous pouvez par exemple :

- adopter une nouvelle posture dans une réunion que vous avez coutume de fréquenter et imaginer que vous êtes un nouvel arrivant et que vous écoutez chaque propos avec surprise ;
- bousculer certains horaires pour effectuer une tâche particulière (vous réveiller très tôt le matin pour lire en entier le dossier que vous pensiez connaître) ;
- vous astreindre à relire tous les journaux internes de votre structure datant d'il y a cinq ans pour vous « ré-étonner » à propos de tout ce qui a évolué ;
- porter votre attention sur certains détails qui vous échappent habituellement (lors d'une conversation, compter le nombre d'expressions phatiques utilisées par l'un des intervenants) ;

- changer volontairement la façon d'effectuer certains entretiens. Demandez à la personne interrogée les trois questions par lesquelles elle a envie de débuter ;
- substituer ponctuellement un outil dont vous vous servez au quotidien à un autre (au lieu d'envoyer un e-mail, passer un coup de téléphone).

Construire trois boîtes à mots et s'en servir

Inventez trois sortes de « boîtes à mots » : une pour les mots à la mode, une autre pour les mots entendus aujourd'hui, une troisième pour les mots surprenants qui vous semblent étranges.

Votre vocabulaire sera ainsi enrichi de manière quotidienne, sans que cela vous apparaisse comme un effort mais bien plutôt comme un jeu.

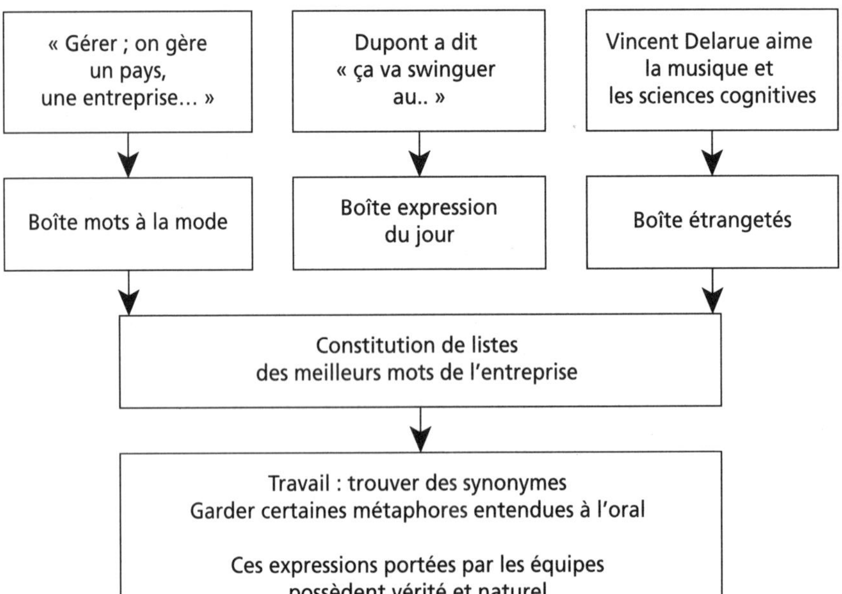

On le constate dans ces premières pages, un bon rédacteur sait garder écoute, éveil, étonnement. Tel un enquêteur, un bon rédacteur est un investigateur qui a une sensibilité toujours en éveil et qui sait distinguer, noter en hiérarchisant, en organisant ses premiers sens de notes.

La structure

Les 5 questions essentielles à se poser avant d'écrire

Tourner sa langue dans sa bouche avant de parler. Comme d'autres adages, la formule peut sembler s'adresser aux écoliers. Pourtant, à regarder de plus près nos us et coutumes en termes d'expression, elle nous renvoie à certains fondamentaux de la communication. En effet, comment pourrait-on efficacement délivrer un message si l'on ignore tout de son destinataire, si l'on n'a aucun sujet à développer ?

Écrire nécessite :

- une information (quoi dire) ;
- un destinataire (à qui le dire) ;
- un mode de traitement (comment, quand le dire).

Harold Lasswell, économiste américain né au début du XXe siècle, fut l'un des premiers à s'intéresser à la communication de masse. Selon lui, on peut décrire convenablement une action en répondant aux questions suivantes : « Qui dit quoi, par quel canal, à qui et avec quel effet ? ». Entre autres théories mondialement reconnues, Lasswell a conçu un schéma synthétisant les grandes lois de la communication.

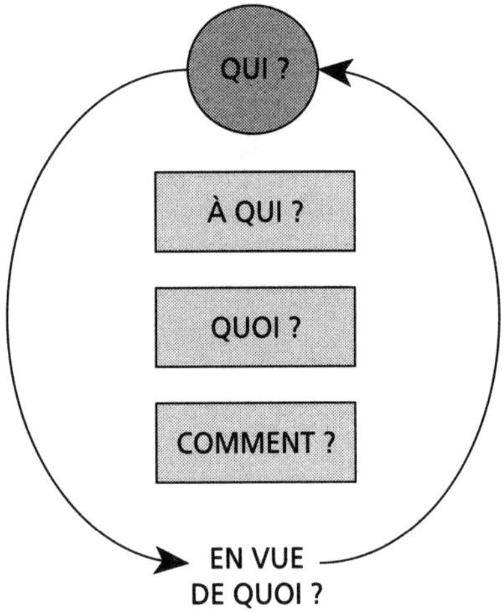

Préalablement à toute rédaction, on doit donc se poser ces cinq questions essentielles. Il s'agit des fondations de tout écrit. On le retrouvera comme une méthode tout au long du livre. Pour mieux le comprendre, appuyons-nous sur un exemple.

Ouverture d'un show-room

Le responsable du pôle export d'un groupe industriel doit annoncer l'ouverture prochaine d'un show-room à Bucarest. Voici comment il procède.

« Information : ouverture du show-room Softmetal le 12 janvier 2012, au cœur du centre d'affaires Joint-Business 30 Piata Universitat ;

Destinataires : la direction générale du groupe à Paris, la direction de la filiale en Roumanie, les représentants européens, les clients et fournisseurs locaux, la presse locale et française ;

…/…

.../...

Modes de traitement : choix et hiérarchisation des arguments ne seront pas les mêmes en fonction des destinataires visés par la même information. Ainsi, pour les lecteurs internes, les informations techniques seront mises en avant (quelles gammes de produits seront présentées, quel sera l'interlocuteur à joindre...), alors que pour la presse locale, on insistera davantage sur l'implantation en Europe de l'Est et les investissements entrepris par le groupe à cet effet. »

Un bon rédacteur travaille constamment en « plusieurs séquences » sur la cueillette : le « quoi » dire et tout autant sur le « comment » dire. Tout rédacteur d'entreprise est un « metteur en scène » de l'information. Il recueille et regroupe les thèmes ayant laissé respirer son inspiration et ses recherches puis il appose, juxtapose, compose grâce à une « matière ». Le rédacteur va ciseler l'art et la manière de transmettre.

Construire, rassembler, structurer

Au début était le verbe, soit. Qui n'a pas à l'esprit l'image grandiloquente de l'écrivain prolifique qui, tressaillant sous l'inépuisable inspiration, noircit inlassablement en l'espace de quelques minces journées des dizaines de feuillets... Concédons que l'écriture automatique, servie par le brillant binôme de grands hommes Breton-Soupault, que les frasques délirantes d'autres acrobates oulipesques à la Georges Perec tendent à placer le mot d'abord et avant tout. Queneau lui-même ne contredirait pas une telle évidence. Car, en vérité, voici la clé, le fin mot justement de l'histoire : eh oui, le mot vient en dernier !

Lasswell nous a mis sur le droit chemin. Avant de prendre la plume, il s'agit de savoir quelle information nous souhaitons dispenser. C'est donc l'idée qui prime sur le mot, tout le reste n'étant finalement « que littérature ». Pour rédiger un texte, quel qu'il soit, il faut concentrer ses premiers efforts sur la recherche d'arguments, d'idées.

Quant aux propensions prétendument géniales de certains êtres à proposer spontanément une littérature parfaite, revenons sur terre ! L'histoire compte très peu d'élus, et moins encore parmi ces derniers qui ont pu se dispenser d'un laborieux travail sur leurs écrits. Lorsque le lecteur des *Fleurs du mal* voit en l'origine des vers merveilleux le haschisch et l'absinthe, ou le même lecteur songe que laudanum et opium ont élaboré pour Antonin Artaud son théâtre de la cruauté, il fantasme sur le résultat ! En vérité, le moindre poème de Baudelaire comme le plus insignifiant billet d'Artaud sont la conséquence artistique d'une construction complexe et élaborée sur laquelle les auteurs ont travaillé.

À la genèse de celle-ci se trouve non pas le verbe, mais bel et bien l'argument. Et cette hiérarchie reste valable, immuable, qu'il s'agisse d'un quatrain, d'une nouvelle, d'un communiqué de presse ou d'un rapport annuel.

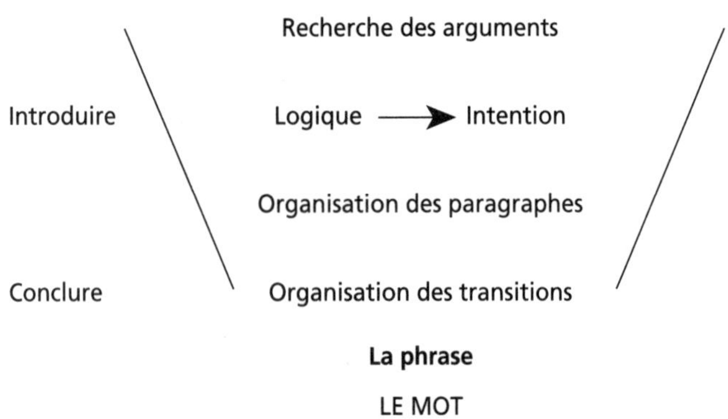

Visée et intention du message

À message égal, la disposition peut changer en liaison avec l'intention… C'est tout l'art du rédacteur d'entreprise. Chaque année, il doit réécrire des dizaines de fois de façon différente les messages stratégiques de l'année.

Il faut donc une logique des idées, puis des paragraphes – veiller à offrir une idée par paragraphe.

Où trouver des arguments ?

Par la lecture, la veille.

Par l'écoute.

Par la lecture de livres, d'études, grâce à des entretiens menés de façon aiguë et préparés avec les experts internes.

Par la connaissance de l'époque mais aussi de la concurrence.

Par l'étude du client, de l'internaute, de ses souhaits et de ses demandes.

La composition

Disposer pour commencer de composer

« En sortant de l'école/Nous avons rencontré/Un grand chemin de fer/Qui nous a emmenés/Tout autour de la terre/Dans un wagon doré »… Yves Montand ne croyait pas si bien le dire en chantant. Point n'est de hasard si, dans le monde de la presse comme dans celui de l'édition, le terme « chemin de fer » désigne la représentation globale d'un document (journal, livre, plaquette…) afin que celui-ci soit visualisable dans sa totalité. Ce chemin de fer, qui met en évidence une structure, un véritable squelette, va, comme le suggère la chanson, permettre d'être emmené par un texte là où son auteur veut nous voir arriver.

Un écrit est une somme d'arguments agencés selon un ordre établi. Une fois ses arguments listés, l'auteur doit par conséquent déterminer la forme qu'il souhaite donner à la structure de son texte. Pour concevoir un personnage en bronze, Giacometti n'entame pas un bloc au ciseau, mais utilise la méthode de la fonte dite « à cire perdue ». L'artiste, pour réaliser son œuvre, élabore d'abord un moule en plâtre et conçoit une structure métallique tenant lieu de squelette à son personnage.

Les lois de la composition

Procédez d'abord en effectuant un choix parmi les informations dont vous disposez. C'est comme si vous amassiez des idées dans un panier pour pouvoir puiser dedans à votre aise. Puis, définissez des arguments et classez-les en les hiérarchisant, c'est-à-dire en repérant les arguments majeurs jusqu'aux arguments plus mineurs. Cette phase de rangement est incontournable. Enfin, en gardant à l'esprit le schéma de Lasswell, vous allez pouvoir commencer à mettre à plat la construction générale du texte.

L'objectif premier de toute personne écrivant doit être : être lu et compris. Écrire consiste à emmener un lecteur en un lieu choisi par l'auteur. Le texte est un chemin sur lequel l'auteur guide le lecteur. Il y a donc un point de départ, un point d'arrivée et, entre les deux, un parcours précis. Et pour être efficacement suivi, ce parcours doit être le fruit d'une carte préalablement dessinée. Une fois arguments et idées amassés, il faut savoir ce que l'on veut ranger. On sentira alors quelle est la juste façon de ranger. On ne peut pas décider de ranger et d'aménager une matière que l'on ne possède pas. Le plan, l'agencement arrivent après la recherche des idées majeures.

L'étoile polaire d'un texte ne symbolise pas simplement son point d'arrivée, mais l'ensemble des éléments distillés au lecteur qui permettent à ce dernier de ne jamais se perdre. Il s'agit d'un fil conducteur, sur lequel viennent s'agencer les idées précédemment recherchées.

En élaborant la structure du texte, on doit donc porter un soin particulier à ce fil conducteur, à ce fil d'Ariane dans le labyrinthe des idées. Il doit relier au mieux vos arguments pour vous permettre d'atteindre votre objectif, votre étoile.

Dans la peau du lecteur

Jusqu'à présent, vous vous êtes placé de votre côté à vous, en organisant vos idées, vos arguments. Maintenant, vous allez vous placer du côté du lecteur, de celui qui reçoit votre message, en vous posant un certain nombre de questions :

- Quel est le point de départ du texte (introduction) ?
- Quel est le point d'arrivée du texte (conclusion) ?
- Quelles sont les principales étapes de développement du texte (idées/arguments) ?
- Quels sont les différents degrés de précision de l'information par lesquels le lecteur va transiter ?

Organiser son écrit en tenant compte des points susmentionnés permet de tisser le canevas de Pénélope, de garder l'intérêt du lecteur comme le fit la belle Shéhérazade.

Des connecteurs, des liens : les chevilles de la logique argumentaire

Ensuite il faut relier et coudre votre texte avec art comme si, à la veille de l'ouverture du Festival de Cannes, telle robe magnifiant Sharon Stone était livrée en kit à l'intéressée dans sa suite du

Martinez… Songez quelle serait la réaction de la star en découvrant les milliers de pièces éparses de taffetas précieux et autres soieries rares envoyées telles quelles par son styliste !

Le texte est comme un canevas, comme une robe ou un costume, si la comparaison vous plaît. C'est un enchaînement d'idées, une suite cousue d'idées justes indissolublement liées. Des idées d'accord, à condition qu'elles s'articulent les unes aux autres. Un argument doit en introduire un autre, une information succéder à une autre, de l'introduction à la conclusion. Et pour relier, en écriture aussi, en guise de points, on utilise des connecteurs, des mots de liaison qui peuvent introduire de la conséquence, de l'illustration, de l'explication, de la synthèse (c'est pourquoi, ainsi, c'est-à-dire, en définitive…).

Les lois fondatrices d'un style efficace sont :

- la simplicité, la concision ;
- la force, la densité ;
- le naturel, le concret ;
- le rythme, l'harmonie.

Quoi de plus désagréable qu'une lecture dont la complexité du texte oblige à d'incessants allers-retours le long des phrases ou dans le dictionnaire ?

Comme on le devine, cette dernière partie aborde le redoutable domaine du style. Quelques conseils avisés vous permettront de nourrir et d'enrichir vos écrits efficacement (cf. Cahier de style, pages 229-256).

En termes d'écrit, le style n'est pas uniquement emballage, mais lorsqu'il est correctement pensé – au sens étymologique de pesé –, il participe du texte qu'il sert. Rien n'est pire qu'un feuillet dépourvu de style, c'est-à-dire dont la caractéristique première est la platitude de ton. De même, tel écrit prétendument stylé mais dont l'auteur manque de maîtrise paraîtra tout aussi peu lisible. Lorsque l'on évoque le style, le maître mot est donc mesure ou encore justesse.

Procédons par élimination et survolons d'abord trois handicaps du style :

- la lourdeur ;
- l'uniformité ;
- l'hermétisme.

Un style efficace porte un texte, donc son lecteur. Le style, c'est ce qui doit permettre au lecteur d'oublier qu'il est en train de lire un texte. C'est l'articulation ingénieuse, le souffle, qui guide depuis l'introduction jusqu'à la chute d'un écrit, sans jamais perdre le cap (l'étoile polaire), sans jamais laisser personne en chemin…

Certes, quelques écrivains illustres dérogeant à la règle que nous allons proposer ont laissé des chefs-d'œuvre. Dans *Sodome et Gomorrhe* ou *Du côté de chez Swann*, il n'est pas rare que Marcel Proust égare, sinon épuise, une kyrielle de lecteurs sur les rives d'une phrase un peu longue. De même, quels efforts ne doit pas fournir l'âme lectrice d'excellente volonté pour initier son oreille interne aux subtilités symphoniques des *Rigodon* ou *Guignol's Band* du docteur Destouches ?

Laissons donc ces exceptions qui confirment les règles et optons pour l'humilité réaliste.

Commencez par utiliser des mots simples : choisir un vocabulaire dont le sens pourra être entendu par une majorité de lecteurs sans recours au dictionnaire. Construisez des phrases de longueur raisonnable (15 à 20 mots). Optez pour des comparaisons, des illustrations et autres figures de style fournissant une compréhension immédiate.

La simplicité du vocabulaire ne signifie pas pour autant que le texte soit « creux », n'offrant aucune information. Comme nous l'avons évoqué, il convient de soigner le fond, c'est-à-dire la qualité de l'information, la force des idées, la pertinence de l'argumentation. Il est toujours conseillé de développer une idée distincte par paragraphe et d'épargner au lecteur les phrases plates dépourvues d'information.

Enfin, n'oublions pas la « musique » du texte, le rythme qui est donné par l'alternance des phrases : à une phrase courte, faites succéder une proposition plus longue. Glissez ici ou là quelques répétitions bien pensées. Insérez régulièrement des exemples sous forme d'images ou de métaphores, sans briser le rythme en utilisant inversion ou anastrophe.

Le ton et la symbolique : trouver son style

Les catégories d'écriture

En termes d'écriture, s'il existe autant de styles que d'auteurs, il est cependant possible de répertorier des écrits et les discours selon quelques grandes catégories. Quand bien même ces dernières ne prétendent pas à l'exactitude, elles permettent de distinguer différents tons et différentes postures. Comprendre et reconnaître les principaux genres, les styles les plus représentatifs offre la possibilité d'y faire par la suite son marché librement, comme le font d'ailleurs les auteurs littéraires eux-mêmes.

Ne trompons personne cependant : la liste que nous livrons ici fournit une orientation élémentaire en vue d'un travail personnel de longue haleine. Car l'identification pertinente et la connaissance des genres et des styles ne sauraient s'obtenir autrement que par la lecture. Nous encourageons donc – mais est-ce là une invitation nécessaire ? – toute personne désireuse d'améliorer son écriture à lire. Lire des romans à l'eau de rose aussi bien que du théâtre classique, de la poésie à la plage comme des essais en ville, des témoignages sportifs ou des récits historiques, des brochures d'entreprises comme des lettres.

Lire, toujours et en toutes circonstances : telle est notre première recommandation.

Types de discours et genres littéraires

Les discours	**Les genres littéraires**
Narratif	Autobiographique
Descriptif	Didactique
Explicatif	Dramatique
Injonctif	Épique
Argumentatif	Épistolaire
Exclamatif	Oratoire
	Polémique
	Romanesque
	Tragique
	Comique

Le perçu

Le texte rédigé passe aussi par l'épreuve du lectorat, c'est dire qu'il faut considérer le « perçu », et tenter de saisir ce que le lecteur va comprendre.

Pour poursuivre l'illustration historique, reprenons la non moins fameuse citation des vers de Paul Verlaine au temps du général de

Gaulle à Londres, sur les ondes de la BBC : « Les sanglots longs des violons de l'automne/Bercent mon cœur d'une langueur monotone. »

Il s'agissait d'un message codé annonçant aux résistants le début de l'opération Overlord – le débarquement de Normandie le 6 juin 1944. Les vers en question n'ont, heureusement, pas été compris par l'ensemble des auditeurs de la même façon. En les récitant, l'émetteur suivait une règle déterminante.

Considérer le degré de compréhension du destinataire de son message

Ce point revêt une importance significative dès lors que l'on souhaite dans un même écrit s'adresser simultanément à des lecteurs divers. Et c'est précisément la subtilité d'un style d'écriture qui permet de créer plusieurs niveaux – ou strates – de lecture pour un même texte.

Lorsque la directrice de la communication d'un grand opérateur de téléphonie mobile rédige la newsletter trimestrielle du groupe, celle-ci connaît ses lecteurs : elle sait qu'elle sera lue par les membres de la direction générale, de la direction marketing, des ressources humaines, des corps et services techniques, des direction des réseaux, de la direction des achats, de la direction des ventes, des directions clientèle, de la direction informatique, des SAV, des forces commerciales, etc.

L'écriture de l'univers économique requiert autant de qualités et d'exigence que l'écrit littéraire. Les publics auxquels on s'adresse peuvent être parfois multiples. Tous veulent comprendre. Ils souhaitent tous de la clarté, du rythme et être emportés dans des univers parfois ingrats et techniques. Sans doute l'entreprise devrait-elle prendre conscience qu'il faut créer des ateliers et écrire à quatre ou six mains. Sans doute faut-il aussi interdire à ceux qui ne sont pas reliés et en charge de la chaîne de production d'écrire, de corriger ou d'intervenir sur des textes. Comment pourraient-ils savoir ce qu'il faut corriger, alors qu'ils ne savent pas en vue de quoi le texte est en train d'être écrit ?

Enfin, il y a des méthodes, mais toute méthode est à adapter avec esprit. Nous sommes dans une science molle sans arrêt à la recherche d'excellence.

Toutefois, pour résumer cette introduction, j'ai élaboré un schéma qui rappelle les temps qui fondent les critères de tous les écrits de la marque.

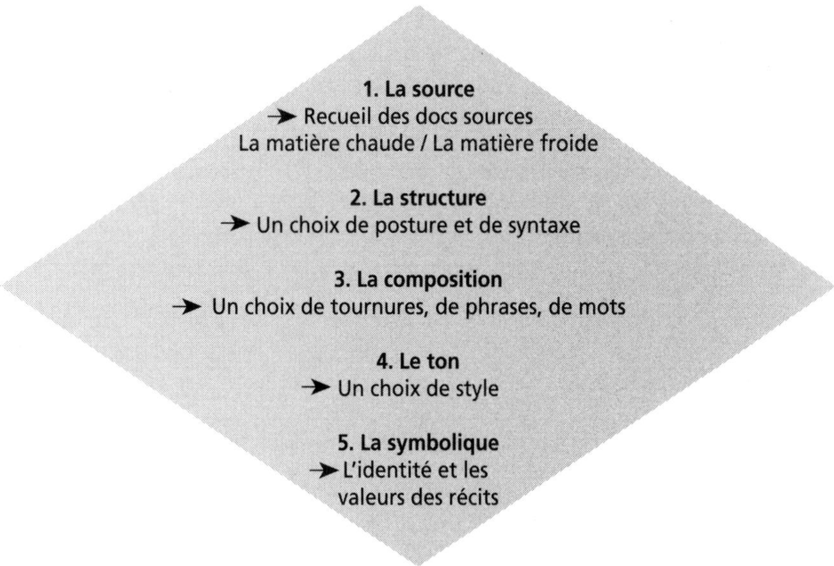

© Institut de la qualité de l'expression

Les écrits institutionnels

« Une forme d'être imaginaire
que personne n'a jamais vu
et dont tout le monde se fait une idée
à travers les messages qu'il a reçus de lui. »

Jean-François Variot

Contexte

Il est devenu fondamental pour l'entreprise de se faire connaître : relations publiques, parrainage (sponsoring et mécénat) et publicité sont autant de moyens qui permettent à une entreprise de renforcer son image et de développer un climat de confiance et de sympathie favorable à son développement.

La communication institutionnelle désigne ainsi toute action de communication initiée par une entreprise, une association ou une institution sur son identité en direction d'un public interne ou externe. Elle vise à diffuser les valeurs, les activités et à améliorer l'image de celle-ci.

La communication institutionnelle se distingue de la communication produit.

Toutefois, l'opposition entre les deux communications doit être nuancée. Car la communication institutionnelle de l'entreprise (surtout quand le nom de l'entreprise se confond avec la marque) peut croiser la communication de la marque.

Ces deux communications sont complémentaires et liées. Elles doivent être cohérentes.

Objectifs

La communication institutionnelle a pour but de faire connaître l'identité de l'entreprise. Il s'agit d'amener les différents publics à associer l'entreprise à la réalité de ses valeurs et, si possible, que celles-ci soient positives.

La communication peut viser entre autres à :

- contribuer à ce que les messages et les valeurs de l'entreprise soient compris, et qu'elle soit soutenue et défendue en cas de crise ;
- favoriser l'esprit de corps, la cohésion interne, le partage de valeurs communes aux membres de l'institution (voire une culture commune), la motivation de ses membres, leur accès à l'information et leur participation à la circulation de l'information ;
- bâtir un capital confiance et un capital sympathie ;
- contribuer à la mobilisation de fonds et de ressources auprès des investisseurs, des prescripteurs d'opinion, en interne ou en externe.

Message

Une entreprise, ou institution, doit veiller à son image non seulement à travers ses actes et prises de position mais aussi au travers de sa communication. Comme Michel Frois l'évoque : « Si vous ne dites pas ce qu'est votre entreprise, d'autres diront ce qu'elle n'est pas. »

Dans le cadre d'une communication institutionnelle, il s'agit alors de veiller à ce que l'image de votre entreprise soit positive et juste : la réalité doit correspondre au message. L'entreprise doit se faire connaître telle qu'elle est. Le message de l'entreprise doit mettre en exergue des preuves qui illustrent des valeurs. Durable : la longévité de l'entreprise dépend de la capacité qu'elle aura à prôner efficacité et expérience, à projeter ses actions, à les rendre durables. Originale : la démarche institutionnelle de l'entreprise doit être unique. Elle doit savoir mettre en valeur avant tout ce qui la distingue des autres.

Plusieurs stratégies peuvent être utilisées à ce niveau :

- stratégies de puissance (l'institution est présentée comme étant particulièrement significative dans son domaine et dans son environnement, preuves à l'appui) : « l'Artisanat, première entreprise de France » ;
- stratégies d'efficience (accent porté sur les performances et la nécessité de l'entreprise, références et exemples doivent démontrer cette efficience) : « Nespresso, what else ? » ;
- stratégies de confiance (témoignages et récits qui incarnent la bonne gouvernance) : « Darty, le contrat de confiance ».

Cibles

Objectif de la communication institutionnelle	Cibles
Présenter et clarifier votre identité	Toutes
Donner un sentiment d'appartenance pour motiver	Collaborateurs, cadres de l'entreprise
Favoriser les ventes par une meilleure image	Clients, prospects potentiels, concurrents
Convaincre et séduire grâce à des arguments	Association de consommateurs, syndicats, médias, leaders d'opinion
Informer et rassurer ses partenaires	Distributeurs, fournisseurs
Favoriser la bienveillance des pouvoirs publics	Instances publiques et para-publiques
Faciliter l'apport en capital	Établissements financiers, investisseurs et actionnaires
Interpeller, rassembler : exister dans la société civile	Milieux éducatifs, scientifiques

© Institut de la qualité de l'expression

Outils

Les outils de la communication institutionnelle sont nombreux :

- outils d'identification : choix du nom de la marque, logo, signature institutionnelle (Air France : « Faire du ciel le plus bel endroit de la terre »), charte graphique, etc. ;
- écrits : brochures, rapports d'activité, communiqués de presse, lettres d'information, journaux institutionnels, etc. ;
- outils numériques et audiovisuels : site, blog de dirigeant et, en plein développement, nouveaux réseaux (Facebook, Twitter...), e-letter, CD-Rom et DVD, etc. ;
- outils destinés à l'événementiel et à la proximité : événements, conférences de presse, visites d'entreprises, parrainage (mécénat), événements en ligne, etc. ;
- outils publicitaires : annonces presse, spots télévision, affichage, radio, Internet, cinéma, etc.

Tout au long de ce chapitre, nous apprendrons à distinguer la communication institutionnelle-relations publiques de la communication institutionnelle spécifique.

Dans la sphère de la communication institutionnelle-relations publiques, on peut classer : la brochure institutionnelle, le discours institutionnel, la communication sur le développement durable et la RSE (responsabilité sociale des entreprises), les relations presse institutionnelles, l'événementiel, le mécénat.

Dans la sphère de la communication institutionnelle spécifique, on peut classer : la communication de crise, la communication financière, la communication de recrutement.

Il est utile également de savoir distinguer parrainage, sponsoring et mécénat : le parrainage est le terme générique qui recouvre les actions de sponsoring et de mécénat. On parle de sponsoring lorsque l'institution parrainante attend des retombées d'ordre commercial grâce au lien établi entre son image et l'objet sponsorisé (fréquent en sport). On parle plutôt de mécénat lorsque l'acte est gratuit (dans l'univers de la culture, notamment).

Méthode

La brochure institutionnelle

Qu'est-ce que c'est ?

Une brochure institutionnelle doit savoir exposer les caractéristiques et les spécificités d'un groupe, d'une entreprise, d'une marque, d'une association.

Elle doit être rédigée de manière simple et concrète pour incarner l'identité et les valeurs de l'organisation.

Une brochure institutionnelle possède un style factuel qui doit mettre en scène les traits de personnalité de l'entreprise et les arguments forts de la marque.

Il s'agit d'amener les différents publics à associer l'entreprise, le groupe ou l'organisation à des valeurs positives.

Une brochure institutionnelle doit répondre à une demande :

- d'information (stratégie de l'institution, évolution du secteur d'intervention, défis rencontrés, résultats atteints, nouveaux partenariats, perspectives) ;
- d'ouverture (actualité, thèmes généraux, nouveaux domaines) ;
- de dialogue et d'échange (libre expression, débat, échange d'expérience, leçon apprise) ;

- de décloisonnement interne (vie des subdivisions, activités parallèles, carnet du personnel) ;
- de reconnaissance (mise en lumière d'acteurs, de services, etc.).

Elle peut avoir une vocation :

- interne (membres de l'institution),
- externe (public externe et partenaires),
- ou mixte.

Une brochure institutionnelle présente l'entreprise et sa marque, qu'il s'agisse d'un think tank, d'une start-up ou d'une fédération. Elle se fonde sur une identité, une posture, des messages et des cibles.

Construire une brochure institutionnelle suppose de savoir maîtriser et mettre en scène l'identité d'une entreprise et d'une marque à travers une cohérence linguistique sur tous les supports.

Comment la rédiger ?

Prenez soin tout d'abord de définir le prisme d'identité de l'entreprise : son caractère, son imaginaire, sa façon d'entrer en relation et ses valeurs. Puis choisissez la manière dont vous allez formaliser votre discours : affirmer un credo, rappeler une vocation, préciser une ambition, définir un ancrage et identifier le bénéfice attendu.

Avant toute rédaction, il est utile de dresser une évaluation des besoins et de se poser notamment les questions suivantes :

- Pourquoi : pour informer, échanger, éduquer, distraire, influencer ?
- Quelles sont les cibles à atteindre et que recherchent-elles : collaborateurs, clients, décideurs, actionnaires, partenaires, grand public ?

- Que dire : parler des activités et décisions officielles de l'institution, des modes de management, des activités phares de l'année, de la vie informelle du groupe, de l'évolution de la RSE ?

La brochure institutionnelle doit permettre au lecteur de discerner les « valeurs » de l'entreprise. Que faut-il entendre par le mot « valeurs » ? C'est tout à la fois un idéal à atteindre et quelque chose à défendre.

Les valeurs peuvent ainsi être exprimées de manière explicite et être révélées par le choix du sujet, les arguments et le vocabulaire.

Mais il faut noter que, hormis la citation d'un témoignage, tout rédacteur qui argumente prend position en fonction de ses propres valeurs, c'est-à-dire en fonction de ce qu'il estime, lui, être vrai, bien, beau et valable. Ce côté subjectif impose donc de veiller, dans la brochure institutionnelle, à ce que le texte reflète bien les valeurs que l'entreprise elle-même veut faire connaître.

Qu'un argument soit fondé sur un fait, une valeur ou un principe logique, les données utilisées pour le formuler doivent être fiables et contenir soit des faits vérifiables, démontrés par la science, soit des relations logiques acceptables, soit des faits généralement admis comme vrais par un ensemble de spécialistes dans une discipline, voire des valeurs partagées par une communauté.

Elle peut être rationnelle, c'est-à-dire chercher une logique pour justifier son point de vue compte tenu des faits et des enjeux. Elle s'attache à convaincre son interlocuteur.

Elle peut être relationnelle ou sensible, c'est-à-dire qu'elle tient compte de la personnalité du récepteur, de ses références, de sa contre-argumentation. Elle s'attache à persuader son interlocuteur.

Le top 10 des valeurs d'entreprise

1. Qualité
2. Innovation
3. Satisfaction client
4. Intégrité
5. Environnement
6. Responsabilité sociale
7. Succès
8. Savoir-faire
9. Responsabilité
10. Esprit d'équipe

Pensez que le ton et le style de votre écriture doivent traduire l'image de l'entreprise, celle que vous voulez que les lecteurs visualisent. Quant à la typographie choisie, les illustrations ou les documents iconographiques, cet ensemble doit être précisément étudié et choisi car il finit par constituer une identité graphique qui permet d'identifier l'entreprise au premier coup d'œil.

Nos conseils

- Adopter une ligne directrice claire susceptible d'évoluer selon les réactions de la cible et l'environnement (ligne éditoriale, unité de contenu, périodicité régulière, maquette) : composer et savoir redisposer en fonction des cibles.
- Rédiger des articles et des messages justes qui nourrissent les attentes des cibles.
- Être concis.
- Développer des caractéristiques techniques de qualité (esthétique, structuration, lisibilité, facilité de consultation…) :
  – choisir une couverture qui retienne l'intérêt et soit en adéquation avec votre sujet ;
  – savoir offrir une mise en page attrayante.

LIR (Laboratoires internationaux de recherche)

Le LIR (Laboratoires Internationaux de Recherche) est un think tank qui réunit 16 filiales françaises rattachées à de grands groupes pharmaceutiques internationaux.

Il s'agit d'une association de réflexion sur le devenir de l'innovation et du progrès dans le domaine de la santé. Elle s'adresse aux professionnels de la santé, aux parlementaires, journalistes et citoyens. L'innovation en santé est un vecteur de progrès médical, économique et sociétal. Le LIR contribue à faire progresser la réflexion de la société sur l'avenir du système de soins en anticipant les futurs besoins médicaux et les interrogations qu'ils soulèvent.

L'essentiel sur le LIR

Nos propositions 2009

Les grands axes de la plateforme

Axe 1- RENFORCER ET PROMOUVOIR LA COMPÉTITIVITÉ DE LA FRANCE EN MATIÈRE DE RECHERCHE

NOS ENGAGEMENTS ET NOS CONVICTIONS

Des évolutions récentes positives

Mais une situation qui reste fragile pour la recherche clinique

NOS PROPOSITIONS

1. Contribuer à rapprocher la recherche publique de l'industrie pour accélérer la mise en place de partenariats

2. Faciliter le recrutement des patients pour que la France retrouve sa place de leader en matière de recherche clinique

Extrait de la brochure institutionnelle du LIR, 2009

Nos commentaires

Le fond : le texte décrit bien les activités et les valeurs du LIR.

Les verbes choisis sont forts, à l'infinitif, ce qui révèle un engagement, une vocation. Le verbe *promouvoir* souligne l'innovation ; le verbe *renforcer* donne une image de puissance ; le verbe *contribuer* invite à la participation. D'autre part sont utilisés des termes qui associent expertise et responsabilité. Sur les autres parties du document non reproduites ici, des mots comme *construction, valeur ajoutée, attractivité, leader, recherche,* génèrent une idée d'expertise ; des mots comme *collaboration, partenariats, information-patient de qualité, besoins, vie réelle, principe d'égalité* génèrent, eux, une idée de responsabilité éthique.

Les verbes contribuent à renforcer une posture d'autorité référente et responsable, nettement engagée dans l'innovation. Leur présence systématique dans le sommaire véhicule le souhait d'actions du LIR et révèle une attitude tournée vers l'avenir.

La forme : L'écriture et la mise en pages permettent la lecture rapide par un internaute. Le plan est clair et disposé en trois temps, les trois « axes » (le document ne présente que l'axe 1) ; il est efficace.

Le verbe à l'infinitif a un rôle syntaxique qui diffère de celui du verbe conjugué. En effet, il participe à la fois du verbe et du nom (l'infinitif est parfois désigné comme la forme nominale du verbe). Le verbe devient alors le pivot d'une proposition. Comme le nom, il est susceptible d'exercer une fonction syntaxique.

Nos conseils

- Adopter un plan logique fondé sur une argumentation cohérente.
- Privilégier des verbes forts pour marquer un engagement.
- Écrire des phrases courtes avec une information par phrase.

Le point de vue d'Agnès Soubrier, directrice du LIR

Le site Internet ou la plaquette d'identité sont les cartes de visite du LIR. Les textes doivent immédiatement exprimer notre identité, notre visée. Année après année, nous devons savoir faire évoluer nos messages en fonction de chacune de nos cibles. Toutefois, il nous faut rester en cohérence : l'« ADN » du LIR ne change pas pour autant, les éléments identitaires en ligne doivent donc être pensés avec acuité, justesse et mis en perspective avec les attentes de notre public.

Le site institutionnel

Qu'est-ce que c'est ?

Le site institutionnel est la vitrine d'une entreprise. Comme la brochure institutionnelle, il doit savoir exposer les caractéristiques et les spécificités d'un groupe, d'une entreprise, d'une marque ou d'une association.

Les cibles et objectifs sont les mêmes, les messages également. Comme elle, il doit être rédigé de manière simple et concrète pour incarner l'identité et les valeurs de l'entreprise. Comme elle, il possède un style factuel qui doit mettre en scène les traits de personnalité de l'entreprise et les arguments forts de l'entreprise et de la marque.

À cela près qu'un site Web vit en continu, qu'il doit être dynamique, interactif et posséder une ergonomie qui permette d'associer efficacement code de la marque et enjeux de l'entreprise.

Les chiffres clés de la lecture Web

30 à 60 secondes sur une page
7 secondes pour convaincre l'internaute
2 minutes sur un site
2 pages consultées sur un site
79 % des internautes lisent en diagonale, 16 % mot à mot
80 % des mots zappés par le visiteur par page

Comment le rédiger ?

Les écrits numériques possèdent leurs spécificités. Construire un site suppose de s'approprier la culture Web et les principes d'écritures propres au numérique. Le discours de marque s'inscrit dans un flux[1] numérique.

Les règles d'or :

- envisager un lecteur à un simple clic de la déconnexion ;
- exprimer l'esprit de la marque en temps réel ;
- créer de l'efficacité dans la lecture de contenus éditoriaux.

Sur le Web, le lecteur est aussi acteur. Il coconstruit le sens de sa navigation. Savoir placer l'homme au cœur de la rédaction, savoir répondre à la démocratisation de l'intérêt et de la participation de

1. Un flux (du latin *fluxus*, « écoulement ») désigne en général un ensemble d'éléments évoluant dans un sens commun. Un flux peut donc être entendu comme un déplacement (quelle qu'en soit sa nature) caractérisé par une origine, une destination et un trajet.

chacun à l'image de la marque suppose de comprendre ce comportement et ces attentes.

L'écriture Web se coécrit avec son lecteur. Les contenus numériques se coconstruisent en fonction des attentes des utilisateurs. Ils doivent être pensés à partir du point du départ de l'internaute : une question sur Google, un lien indiqué sur un réseau social, un flash code publicitaire. Un webmaster doit pousser l'internaute à l'action, le faire venir naturellement vers soi. Il doit laisser la place à l'échange et à la réponse.

L'écriture Web donc, c'est aller à l'essentiel. Une écriture active qui pousse à l'action et qui privilégie une relation directe et instantanée avec l'utilisateur.

L'écriture Web est hybride : elle associe les mécanismes classiques de la langue écrite avec certaines pratiques de la langue orale. On privilégiera les expressions les plus brèves à la place des tournures plus littéraires. Par exemple :

Avant : quand vous le souhaitez – ***Après :*** à tout instant

Les mots du Web

Agir	Converser	Combiner
Interagir	Connecter	Participer
Discuter	Collaborer	Synchroniser

L'écriture Web se conçoit en trois dimensions : son + texte + image. Elle appartient à un écosystème. La recherche de l'information donne la priorité au texte : dans 78 % des cas, les trois premières « fixations oculaires » de l'internaute se portent sur les textes ; contre 22 % pour les images.

La galaxie Web est un univers vaste et sans frontières : c'est l'utilisateur qui crée, de lien en lien, le sens de sa navigation. Double enjeu pour le rédacteur : retenir son lecteur sur sa page, puis l'orienter vers de nouveaux contenus.

Sur le Web, chaque page efface la précédente. Chaque page fonctionne seule, possède son existence propre. Chacune d'elles doit donc être autonome et intelligible en elle-même.

Les pages d'accueil : elles distribuent l'ensemble du contenu d'un site – utilisateurs après une requête Google, un lien sur un réseau.

Les pages de déploiement : les pages de contenus et d'approfondissements nécessitent 3, 4, voire 5 liens à partir de la page d'accueil. Ce sont les seules pages où l'on peut se permettre de réellement développer un sujet !

L'écriture Web doit se concevoir et s'écrire de manière visuelle. Comme dans l'écriture journalistique, il faut créer un parcours visuel de lecture dans lequel le lecteur peut naviguer rapidement.

On choisira de donner des informations hiérarchisées et scénarisées selon plusieurs registres de discours.

Nos conseils

Efforcez-vous de rédiger une phrase vivante et directe, qui sait interpeller et faire agir en privilégiant des phrases courtes, presque de style oral : une quinzaine de mots maximum.

Pour les verbes, sachez que les deux temps, le présent et le passé composé, sont les meilleurs.

Évitez de simplifier, de raccourcir ou d'utiliser des abréviations : écrire « bonjour » plutôt que « Bjr » ou « cordialement » plutôt que « cdt ». De même évitez dans le cadre professionnel : « @+ » ou « ASAP ».

Le site Internet de Starbucks

En 1971, Starbucks ouvre son premier salon de café à Seattle. Aujourd'hui, l'entreprise est présente dans le monde entier. Un concept simple et convivial. Une marque omniprésente sur le Web, fortement ancrée dans son époque, qui évoque diversité et complicité.

Examinons de près la rédaction du texte :

« Nous ne nous contentons pas d'être des fournisseurs passionnés de café mais nous proposons aussi tout ce qui peut rendre exceptionnelle une visite dans nos salons de café.

Depuis que nous avons ouvert notre premier salon de café en 1971, nous avons tout fait pour gagner la confiance et le respect de nos clients, partenaires (collaborateurs) et voisins. Comment ? En agissant de façon responsable et respectueuse de la planète et d'autrui.

Pourquoi choisissent-ils Starbucks ? Parce qu'il savent qu'ils peuvent compter, à chaque fois, sur un service de qualité, une atmosphère accueillante et une merveilleuse tasse de café parfaitement torréfié et préparé avec soin.

Nous proposons ainsi une sélection de grands thés Tazo®, de pâtisseries et d'autres délices pour enchanter les gourmets. »

Nos commentaires

Le fond : reportons-nous sur la page d'accueil du site Starbucks.com. On remarque tout d'abord l'utilisation d'adjectifs mélioratifs à caractère commercial (meilleur, exceptionnel) ainsi que l'utilisation des verbes à la voix passive.

Remarquez l'usage de ce « mais » : il permet de passer d'une formule négative à une formule affirmative. Cependant, l'usage de figures rhétoriques littéraires devrait être réservé à l'écrit. Les formules autocentrées et commerciales manquent de naturel et de vivacité.

La forme : ici les explications, les formules, sont trop écrites. Certes, les phrases sont précises mais trop longues. Il suffirait d'écrire : « *Nos salons de café sont devenus les repères des amateurs de café du monde entier.* » L'ensemble donne une impression de copier-coller des textes imprimés. Le ton est formel plutôt que conversationnel. Quant à la police des caractères (Corbel), elle ne convient pas au format Web.

Nos conseils
Réécrire avec l'Institut...

Dans le domaine *de* la responsabilité

Avant : Protect France s'implique activement dans la protection de la planète et traduit son engagement dans les différents produits proposés à ses clients, mais aussi dans ses actions quotidiennes qui visent à réduire partout où cela est possible l'impact environnemental de ses activités.

Après : Protect France s'implique pour la protection de la planète. Cet engagement se retrouve dans les produits offert à nos clients ; il se traduit aussi dans nos actions quotidiennes pour réduire notre impact environnemental.

Dans le domaine des transports

Avant : Dans tous les cas, notre bar TGV vous accueille pour vous restaurer.

Après : Envie d'une boisson, d'un en-cas ? Le bar TGV vous accueille.

Dans le domaine de la banque

Avant : Proposer des services malins pour les utilisateurs quotidiens.

Après : Des services malins pour les utilisateurs quotidiens.

.../...

.../...

Dans le domaine de l'agroalimentaire

Avant : Par ailleurs, nous cultivons notre café en accord avec les pratiques de commerce équitable et de cultures responsables.

Après : La culture de notre café applique les pratiques du commerce équitable et de cultures responsables.

Trois questions à... Aurélie Houssin et Anne Villequenault, en charge du site TER SNCF

Comment s'effectue la rédaction des textes sur le site TER SNCF ?

Il y a deux niveaux, les pages nationales rédigées par 250 contributeurs avec nous, et les sites de région, indépendants, rédigés par les responsables locaux du marketing ou de la communication. Tous les mois, avec ce réseau, nous partageons des bonnes pratiques, échangeons des astuces sur l'accessibilité, le référencement ou la mise en valeur des contenus, nous donnons des conseils d'écriture pour que chacun des écrits, Web ou print, reste cohérent avec les valeurs de la marque. Ils sont issus de l'expertise des professionnels, aux divers métiers et expérience. La plupart sont tous les jours en contact avec les usagers.

Comment parvenez-vous à la cohérence entre tous les écrits ?

La marque unique doit être exprimée quotidiennement dans nos actions, ces codes de langage doivent devenir un leitmotiv dans nos écrits. Nos contributeurs, écrivains d'un jour, doivent devenir des professionnels de l'écriture sur le Web. Les organisations sont désormais centrées sur le digital. Le triptyque – marketing/communication/relation client – ne doit pas se contenter de simples synergies, mais se structurer en fonction du digital. Pour cela, des groupes de réflexion sont organisés, ils suivent les tendances Web, s'informent sur les critères de l'écriture numérique, font prendre conscience qu'il existe d'autres manières d'écrire, fondées sur des codes et des méthodes nouvelles. Il faut sans cesse faire évoluer les rubriques, les réactualiser. Pour cela, nous favorisons les textes courts, clairs, interactifs et fonctionnels.

.../...

…/…

Concrètement, quelques exemples à citer ?

Depuis 2012, certains responsables de lignes tiennent des blogs personnels. Des pages Facebook ont vu le jour dans certaines régions. Les webmasters des sites sont chargés de les animer, de répondre aux fans, à chaud. Les registres de discours reflètent l'esprit de la marque unique : informatifs, connivents, la conversation est toujours naturelle. Une charte sémantique© a aussi été réalisée. Les rubriques telles que « État du trafic » s'autorégissent. Souvent les campagnes de communication pensées pour le papier ne font pas l'objet d'une déclinaison spécifique sur le Web. Certains semblent copiés-collés : la prise de conscience des effets de la mixité print et Web est un défi quotidien. Sur le Web, le progrès réside aussi dans le langage…

Le discours institutionnel

Qu'est-ce que c'est ?

Un discours doit répondre aux cinq questions du schéma de Lasswell : Qui ? Quoi ? Comment ? À qui ? Pour quel effet ? Même si une « méthode » gravée dans le marbre n'existe pas, il y a toutefois un certain nombre de règles à respecter, quels que soient l'émetteur du discours, l'audience, les circonstances, le canal d'expression et l'effet recherché.

Comment le rédiger ?

Imaginons que, pour un séminaire d'entreprise de fin d'année, le président d'une entreprise veuille fédérer ses équipes et mettre en avant le caractère collectif des efforts : dans ce cas, il a la posture d'un chef d'équipe, où le singulier s'efface devant le collectif. Ce n'est donc pas le « je » qui est adéquat, mais le « nous ».

Dans un deuxième cas, si l'autorité du président a été mise à mal, dans un contexte de crise, il aura au contraire besoin de marquer une distance entre les salariés et lui, de souligner la hiérarchie dans l'entreprise et de reprendre une posture d'autorité. Dans cette situation, le « je » sera préférable pour mettre ces éléments en avant.

Quand on écrit un discours, il faut se demander :

- qui parle ?
- quelle posture la personne qui écrit doit-elle choisir ?

En termes d'énonciation, cela peut se traduire :

- par la marque du « je » si celui qui parle veut incarner son discours et indiquer son engagement ;
- par le pronom indéfini « on » si celui qui parle veut éviter toute incarnation et préfère produire un discours impersonnel et créer une distance entre lui et sa parole ;
- par le collectif « nous » pour impliquer son audience et faire bloc avec elle. Celui qui parle adopte alors la posture du représentant ou du délégué qui s'exprime au nom de tous.

Un discours porte un message ; on ne fait pas un discours pour faire un discours, mais pour transmettre des informations ou des idées. Il faut donc faire une liste des arguments principaux, un plan de discours, disposer des informations en lien avec le message à faire passer et adopter le ton que la situation nécessite.

Dans son discours prononcé à l'occasion des 130 ans de *L'Écho* (quotidien économique belge), Gérard Mestrallet, P-DG de GDF-Suez, annonce son plan : « Avant d'évoquer la Belgique, je voudrais d'abord partager avec vous une conviction : celle de la fragilité de notre monde. »

Un discours doit à la fois convaincre, en s'adressant à la raison, et persuader, en touchant l'émotion.

Si l'Institut de la qualité de l'expression analyse le discours de Françoise Gri, présidente de Manpower France, on constate que les anecdotes permettent d'illustrer concrètement l'action de l'équipe de Manpower, avec des faits réels : « Je vous donne un exemple ! La semaine dernière une de nos agences parisiennes reçoit l'appel d'un de ses clients qui lui dit : “Voilà ! J'attends peut-être une commande et je voudrais, si cette commande est confirmée, que vous me prépariez une équipe qui va m'aider à faire face à cette demande et ça pourrait être 17 personnes.” »

Plus le discours est incarné, plus il sera éloquent et évocateur de réalité parce que l'imagination sera suscitée : « Je prends toujours un exemple d'un chaudronnier à Nantes qui va trouver de l'emploi alors que la même personne avec la même qualification aura beaucoup de mal à trouver un emploi dans le nord de la France. »

Celui qui parle s'adresse à tous et à chacun en particulier ; la dimension relationnelle du discours est à prendre constamment en compte. Il faut donc jouer avec les registres du langage et sentir les plus appropriés aux circonstances, à l'auteur, à l'audience et à l'objectif visé. Quel que soit le message, il doit être relié et posséder une force qui convainc et persuade.

Tout discours doit donc être un discours de preuves, fondé sur des faits vérifiables et posséder à la même hauteur des métaphores ou autres figures de style qui viennent créer de l'émotion ; c'est la colonne vertébrale.

Dans son discours, Gérard Mestrallet se fonde sur des chiffres précis : « Un chiffre simple : selon l'AIE, nous devrions connaître une croissance de la demande primaire en énergie de 36 % entre 2008 et 2035… Elle se fera à 93 % hors de l'OCDE. Notre stratégie prend en compte cette réalité. En 2016, 60 % de nos capacités de production d'électricité seront positionnées hors Europe. Et la Belgique représentera alors 8 % de nos capacités de production électrique, contre 10 % aujourd'hui et 100 % il y a quinze ans. »

La vidéo institutionnelle et le film corporate

Qu'est-ce que c'est ?

La vidéo institutionnelle est une carte de visite en images qui présente l'institution, ses objectifs, ses activités, ses réalisations et ses ressources. Elle peut être utilisée comme un support de communication dans le cadre de manifestations telles qu'une conférence de presse, une conférence internationale ou une exposition. On peut l'accompagner d'un dépliant, d'une brochure, d'une page Web, d'un document de PréAO (Présentation Assistée par Ordinateur).

Le terme de « film corporate » s'applique à un film d'image qui fait passer des messages autour du savoir-faire de l'entreprise, pour affirmer ses valeurs et son positionnement, souvent avec une dimension internationale.

Le terme de « film institutionnel » correspond à une présentation vidéo plus descriptive de l'entreprise. La frontière entre ces deux termes reste néanmoins ténue.

La production d'un film corporate ou institutionnel reflète l'image et les valeurs d'une organisation, affirme son périmètre géographique et son métier, montre son développement, valorise l'histoire de l'entreprise et présente ses grands projets et chantiers en cours. Autrefois, il véhiculait des messages généraux, intemporels, un peu « lisses » ; aujourd'hui, les messages sont plus ciblés, avec l'apparition de techniques innovantes, la haute définition bien sûr, mais surtout les effets spéciaux (appelés « compositing »), ainsi que des prises de vues avec des caméras 3D, voire en relief.

La durée d'un film corporate ou institutionnel oscille entre 5 et 10 minutes selon la dimension de l'entreprise, ses implantations, le nombre de ses métiers, de ses produits… Il existe aussi un format plus court appelé « carte de visite institutionnelle ».

L'image doit être esthétique, marquante et symbolique. Ce type d'images différenciatrices réclame un bon réalisateur, entouré d'une équipe solide, qui mettent en œuvre des techniques de prises de vues pointues : un savoir-faire qui donne un véritable ton au film, avec des mouvements d'images esthétiques (matériels : steadycam, travelling, grue) ou des plans inédits (vues en vidéo aérienne par exemple). L'utilisation de caméras avec des optiques particulières associées à des logiciels de trucage permet d'obtenir une texture et une couleur d'image qui contraste avec la banalité de l'image vidéo d'un reportage classique. On sort du quotidien pour une dimension plus symbolique, plus esthétique et beaucoup plus efficace. Si besoin, on fait appel à des banques d'images, notamment pour les images d'archives.

La création d'un univers graphique donne du caractère à la réalisation du film et une cohérence à l'ensemble des sujets et des images parfois hétéroclites qui les composent.

Le montage des films se cale souvent sur une musique choisie pour son adéquation avec le sens des messages ou avec les univers professionnels que l'on souhaite véhiculer. Pour certains films, la musique sera composée spécialement pour s'adapter parfaitement au style et à l'image que l'entreprise souhaite donner.

La cible d'un film corporate ou institutionnel est très large : public externe, client, partenaire, presse et levier d'opinion, institution... mais aussi instrument collectif de fierté pour les salariés de l'entreprise. À l'évidence, la réalisation d'un tel film crée du lien entre les collaborateurs qui y participent ou qui en facilitent la réalisation.

Les principales utilisations sont : le site Web, les conférences de presse, les événements, les salons professionnels ou les informations en boucle dans les halls d'accueil, les présentations commerciales, les présentations à des partenaires, etc.

Nos conseils

Une vidéo institutionnelle doit :

- informer : le contenu doit être exact et apporter des éléments nouveaux à la cible visée ;
- raconter : le récit doit être bien construit, le contenu peut être scénarisé ;
- attirer : esthétique, humour, excellente qualité technique ;
- viser un but précis : mobilisation de fonds ou présentation des activités de l'institution à des leaders d'opinion ;
- être en cohérence avec le langage de l'entreprise.

Comment les rédiger ?

Il faut commencer par définir le besoin en se posant des questions comme : quel est le problème à résoudre ? Quelles sont nos cibles ? Quel est notre cœur de cible ? Quel est l'objectif de communication principal du film ? Comment toucher les publics complémentaires ?

Pour préciser la définition de votre projet : établissez une présentation synthétique de votre entreprise en listant les faits principaux. Demandez-vous quel est le contexte de votre projet et dans quel dispositif de communication s'inscrit cette vidéo.

Dans l'étape suivante, interrogez-vous à l'aide de deux ou trois mots clés sur l'image souhaitée que vous devez donner de l'entreprise.

Enfin, précisez le principal message que vous voulez faire passer puis les messages secondaires, à classer par ordre décroissant d'importance.

Pour toutes ces démarches, vos sources d'inspiration et de documentation peuvent être les sites Web, les vidéos, les journaux.

Pour toute vidéo ou film, il convient de décider avec quelle équipe en interne vous travaillerez ou à quelle équipe en externe vous confieriez la réalisation du travail. Pensez aux professionnels du cinéma et aux agences de communication.

Envisagez également les possibilités de lieux de tournage, à l'extérieur ou à l'intérieur : l'usine, le siège social, une agence…

Examinez de manière réaliste les contraintes de réalisation sans omettre de prévoir éventuellement des versions étrangères.

La diffusion de la vidéo ou du film est essentielle, aussi vous faut-il envisager le contexte d'utilisation, le (ou les) mode(s) de diffusion, et les contraintes inhérentes à chaque mode de diffusion.

Le film corporate Valeo

Tous les éléments de la forme sont précisés : la réalisation du spot s'est effectuée en 2011. La durée est de 2 minutes. Le tournage a été effectué avec une caméra Canon EOS 5D, la postproduction confiée à Woow, la production à Havas Prod 2011, l'agence concernée est BETC.

Message	Impact
Des hommes, des portraits, des métiers	Un savoir-faire, une expertise
Des compétences à travers le monde	Une dimension internationale, des diversités qui renforcent une expertise
Une vidéo, des couleurs, une mise en scène, une mise en musique dynamique	Une entreprise performante
Les valeurs de l'entreprise forment le plan du script	Une entreprise innovante et une haute technologie à forte valeur ajoutée. Des engagements durables et vérifiables.

Les messages que l'on déduit et qui sont relayés par des images et des chiffres :

- innovation,
- fusion,
- technologie,
- expertise,
- diversité,
- engagement durable.

Nos commentaires

Le fond : on approuve les messages percutants que sont *Sensor fusion* (nom), *reduce* Co_2 (verbe). Il faut toutefois veiller à la cohérence syntaxique, faire attention aux sigles et références d'experts inintelligibles à l'internaute. Néanmoins, le scénario reste cohérent et efficace.

La forme : on remarque que la mise en scène est dynamique, que la musique crée un rythme. On a fait appel à la diversité des expertises et l'on obtient au final une vidéo courte et efficace.

Nos conseils

Plusieurs écueils sont à éviter :

- créer une mise en scène trop attendue ou peu originale ;
- choisir une mise en scène avec des hommes qui rappellent la photo de classe ;
- mettre en exergue des valeurs de l'entreprise sans en fournir les preuves ;

.../...

…/…

- une musique qui dépersonnalise, ou un rythme qui noie le message ;
- faire de cette vidéo un manifeste plutôt qu'un autoportrait ;
- multiplier les cibles et donc diluer le message ;
- privilégier l'esthétisme à l'efficacité du message.

La brochure institutionnelle RSE

Qu'est-ce que c'est ?

Selon la définition de la Commission européenne, le concept de RSE est « l'intégration volontaire par les entreprises de préoccupations sociales et environnementales à leurs activités commerciales et leurs relations avec leurs parties prenantes ».

La RSE est un outil clé, facteur de performance qui répond à une quête de sens supplémentaire de l'entreprise.

Les objectifs de la communication RSE

En interne

- Objectif : 100 % de vos salariés doivent pouvoir dire « J'aime ma boîte ! »
- Faire vivre le dialogue et entretenir la confiance.
- Créer un environnement de travail performant sous toutes ses formes.

En externe

- Prise en considération des fournisseurs, des clients, des concurrents, des organisations syndicales.

…/…

.../...

- Respect de l'environnement.
- Transparence vis-à-vis des clients, des partenaires financiers, des autorités politiques, des collectivités.

Elle est utilisée pour grandir socialement, humainement, éthiquement, en réputation et pour durer ; il faut savoir se développer au bon rythme en gardant la rentabilité. Partager dans tous les sens du terme. Se démarquer des concurrents. Améliorer son image. Travailler mieux.

Identifiez les publics cible de votre entreprise : qui sont-ils ? Lesquels sont prioritaires ? Lesquels connaissez-vous ?

Cibles	Objectifs
Les salariés	Offrir de bonnes conditions sociales. Proposer un traitement équitable. Former pour améliorer les compétences. Être attentif au bien-être personnel et favoriser l'équilibre entre travail et vie privée.
Les clients	Information Dialogue : – confiance donc tolérance ; – relations commerciales durables ; – satisfaction et bouche à oreille positifs.
Les fournisseurs	Des relations équilibrées. Une meilleure planification des commandes, donc moins de stress pour les équipes. Une meilleure gestion des ressources financières donc moins de risques.
Les concurrents	Meilleures conditions générales du marché. Potentiel enrichissant de dialogue et de collaboration avec les entreprises du même secteur. Solidarité interentreprises qui permet de ne pas se retrouver seul en période difficile.
Les actionnaires et partenaires financiers	Confiance accrue dans leur investissement. Meilleure compréhension de la répartition des responsabilités.

Paroles d'expert
Alain Renaudin,
écrivain et créateur de Newcorp Conseil

Écouter avant de parler

- La communication sur le développement durable est aussi une réponse. Identifier les contre-arguments, comprendre les critiques, être à l'affût des attentes.
- Confronter ses engagements ou partis pris aux positions radicales et opposées. Pour cela, pratiquer tables rondes, débats, et dialogue participatif avec tous.

Se donner des objectifs

- Il faut se fixer des objectifs mesurables, prendre date, s'inscrire dans le moyen ou long terme. Il est essentiel de faire régulièrement un état du progrès.

Parler de sujets sur lesquels l'entreprise est légitime

- La légitimité peut venir de l'histoire de l'entreprise, de son expertise métier, de son ancrage territorial, de la compétence de ses collaborateurs...
- Ne pas forcément exploiter des indicateurs chiffrés (émission de CO_2, consommation, énergie...) plus facile car plus connus, mais plus anonymes.
- Privilégier l'évocation « d'impacts » et d'actions spécifiques et interpellantes... Ce que votre entreprise peut être la seule à faire ou à expliquer.

Assumer ses faiblesses pour rendre ses atouts crédibles

- Éviter de donner des leçons, ne pas se citer en exemple...
- S'inscrire dans une politique de progrès continu.
- Être responsable au sens de la capacité à assumer les conséquences et les impacts de ce qu'on fait (sans sombrer dans l'autoflagellation), trouver des axes de progrès...
- Choisir la sincérité plus que la transparence.
- Toujours chercher à réduire l'écart entre le discours et la réalité, entre la stratégie affichée et les résultats... La dissonance assumée sera toujours moins dommageable.
- Anticiper les contraintes, notamment réglementaires, ne pas s'inscrire en réaction, être pro-actif. Ne donnez pas le sentiment d'une démarche contrainte et forcée.

Source : Alain Renaudin – NewCorpConseil, www.newcorp.canalblog.com.

Comment la rédiger ?

Utiliser les bons termes

Trois registres de la responsabilité

Registre de la transformation : inventer et réinventer, améliorer, renforcer, rêver, s'émerveiller, transformer, aménager, assembler, innover.

Registre de l'action : orchestrer, concevoir, garantir, coordonner, construire, faire circuler, programmer, intervenir, réaliser, piloter.

Registre du partage : accompagner, se mobiliser, s'engager, informer, conseiller, faciliter.

Les mots de la protection et de l'accompagnement

Noms : accompagnement, protection, services, offre, assurance, soutien, métier, solution, proximité.

Verbes : aider, venir en aide, protéger, accompagner, assister, protéger, veiller à, être là, agir, conseiller.

Adjectifs : disponible, attentionné, proche, adapté, personnalisé, spécifique, professionnel, quotidien.

Les mots de la responsabilité

Noms : responsabilité, engagement, confiance, équité, diversité, dialogue social, écoute, implication.

Verbes : s'engager, s'investir, s'impliquer, faire face, se retirer.

Adjectifs : responsable, fiable, social, solidaire, environnemental, éco-responsable, citoyen sûr.

Le rapport annuel RSE de SNCF

Nous analysons ici l'éditorial de Guillaume Pepy et le plan de la brochure institutionnelle.

« Ces enjeux, bien sûr, dépassent notre seul périmètre. Mais nos compétences peuvent contribuer à y répondre de manière positive. Il en résulte pour SNCF de multiples responsabilités, qui dessinent le cadre de notre action. Nous les assumons pleinement, en toute transparence et même avec enthousiasme.

Car aux efforts demandés correspond un nombre encore plus grand d'opportunités. Économique ou technologique, chaque mutation offre l'occasion de bâtir un système ferroviaire plus performant.

C'est-à-dire durablement utile à nos quatre millions de clients quotidiens : créateur de valeur pour les chargeurs, épanouissant pour nos collaborateurs, générateurs de dynamisme et de lien social dans les territoires dans lesquels nous intervenons.

Là réside notre légitimité, et le sens de notre activité. »

Extrait de l'éditorial de Guillaume Pepy, président

Le propos est introduit par une litote, censée traduire une attitude d'humilité. Les adjectifs mélioratifs sont présents, à la fois pour garantir une image positive de SNCF, mais aussi pour engager l'action de manière optimiste. L'adverbe « pleinement » est globalisant, l'action RSE de SNCF sait prendre tous les aspects et enjeux en considération dans son programme. « En toute transparence » est également présent pour nous rappeler que les entreprises de SNCF sont claires, assertées et vraies.

Le rythme adopté est binaire, le texte a du rythme, il est musical. L'orateur sait scander son propos en alternant les notions d'efforts et d'opportunités. Toujours des adjectifs mélioratifs qui ont le même objet. On trouve également une anaphore d'adjectifs et de participes présents destinés à renforcer les multiples actions engagées et leur aspect globalisant et adapté. Le choix de la ponctuation et des modalisateurs, « c'est-à-dire *là* » contribue à rythmer le propos et à intensifier la conviction de l'auteur.

ENJEU : PERMETTRE À TOUS UNE MOBILITÉ DURABLE

Engagement 1 – Favoriser l'accessibilité pour les voyageurs

Engagement 2 – Développer le porte-parole écologique

Engagement 3 – Construire une offre pour les Plans de Déplacement Entreprise (PDE)

Engagement 4 – Développer le transport écologique de marchandises

Focus initiatives

ENJEU : RÉDUIRE NOS IMPACTS ENVIRONNEMENTAUX

Engagement 5 – Généraliser les outils de gouvernance environnementale

Engagement 6 – Consommer moins d'énergie, émettre moins de gaz à effet de serre

Engagement 7 – Agir sur l'ensemble des nuisances potentielles liées à notre activité

Focus initiatives

Nos commentaires

Le fond : les axes stratégiques sont clairs et assertés : quatre axes d'action précisent les enjeux prioritaires. Les acteurs sont clairement identifiés. L'adoption d'une posture d'autorité associe légitimité et développement technique et humain. Les arguments avancés sont positifs et engagés. Les termes utilisés sont clairs et concrets, rationnels et pragmatiques. Quant aux verbes, ils associent efficacement développement et responsabilité. Grâce à tous ces éléments, le domaine des possibles est facilement identifiable.

La forme : la langue utilisée est rationnelle et pédagogique. La prise de parole ordonnancée est intelligible et réaliste. Chaque enjeu est décliné en engagements numérotés, ce qui les présente comme un cahier des charges. Le ton adopté est clair et neutre. Ici, les verbes sont à l'infinitif.

Les champs lexicaux sont nettement engagés dans l'action et tournés vers le futur. SNCF est perçu comme :

- un groupe légitime : autorité, légitimité, solution, quotidien, enjeux ;
- un groupe performante : mutation, transition, action, performance, créateur de valeur, opportunités ;
- un groupe responsable : périmètre, cadre de l'action, transparence, cohésion sociale, épanouissement, sens de notre activité.

Trois questions à... Elizabeth Reiss, précurseur du marketing éthique, à la tête de Greenflex et Ethicity

Quels sont les objectifs et les caractéristiques du rapport annuel pour une entreprise engagée dans le développement durable ?

Il s'agit de formaliser les engagements de l'entreprise au travers des chartes liées à un ou plusieurs engagements affichés, mais également des démarches collectives à faire connaître. Sur le fond, le rapport annuel doit être le reflet exact des orientations stratégiques de l'entreprise. Il doit étayer les référentiels et les indicateurs RSE internationaux reconnus par son contenu et mettre en avant des actions pertinentes, être exhaustif, c'est-à-dire ne pas omettre les choses gênantes. En un mot, être une photo complète dotée de trois qualités : pertinence, exhaustivité et représentativité.

Sur la forme, je dirais qu'il doit être lisible et neutre dans le ton, transparent et pédagogique. L'information sera orientée vers chaque partie prenante et adaptée à ses référents culturels. La sémantique doit savoir répondre aux attentes de chacun. On ne parle pas aux consommateurs comme on parle à des agences de notation financière. Par exemple, les consommateurs préféreront des questions/réponses car c'est un style d'écriture plus direct, plus simple. Le rapport RSE doit aussi recueillir et proposer des témoignages internes et externes, rendre la démarche vivante et dynamique.

.../...

.../...

Quels sont les principes d'efficacité d'une brochure institutionnelle ?

Les éléments clés sont la transparence et le concret avec des arguments de preuve qui prennent en compte les enjeux majeurs du métier de l'entreprise. Ces arguments sont : des chiffres, des illustrations du terrain avec des témoignages, des interviews de responsables de sites, et ce dans le cadre des référentiels internationaux (le GRI, Global Reporting Initiative). C'est une langue totalement rationnelle. Il faut être concret et simple. Accompagner le texte de photos et de vidéos est important ; la preuve doit être visuellement et concrètement immédiate. Ces images permettent de donner plus de chair et d'émotion, d'humanité aux arguments de preuve (aspect émotionnel). La langue RSE utilise beaucoup les formes interrogatives, les questions-réponses, un style direct qui réponde aux attentes du lecteur. Il faut absolument éviter tout jargon.

L'approche doit être globale à l'activité mais prendre en compte les spécificités. Par exemple, les zones géographiques : les enjeux ne sont pas les mêmes d'un pays à l'autre et il s'agit pourtant du même groupe... On ne parle pas de l'eau de la même manière en Inde ou en France. Les critères de pertinence dépendent donc aussi des enjeux du pays.

De quelle manière présentez-vous vos actions en ligne ?

Internet est un outil majeur. Lors de la publication des rapports RSE émerge une multiplication des plates-formes collaboratives avec les parties prenantes, que ce soit en interne ou en externe (réseaux sociaux). Par exemple, l'entreprise SAP propose un diagramme interactif adapté à chaque partie prenante. Les logiques interactives permettent de mieux enrichir l'expérience de chacun et la qualité du dialogue.

Les écrits numériques doivent donner des éléments d'information pour que l'internaute se dise : « Cette démarche RSE sert à quelque chose. » Avant Internet, il y avait une seule publication annuelle sur ce sujet, le rapport RSE. À présent, il existe un vrai système de communication globale et beaucoup plus d'écrits. Grâce aux newsletters, notamment, la mise à jour est continue. Internet a permis de créer une conversation ininterrompue avec les parties prenantes sur des sujets liés à l'actualité en complément du rapport RSE qui reste l'ancrage rituel annuel. Les écrits numériques ont pour spécificité, par rapport aux écrits non numériques, d'être plus courts, dotés de vidéos et de photos. La langue est plus orale, de nombreux mots clés accentuent la force de frappe de l'image, de la démonstration en renfort du texte, et ce de façon efficace et vivante.

Les écrits internes

« C'est cette manière d'épauler, de viser,
de tirer vite et juste, que je nomme le style… »

Jean Cocteau

Contexte

La communication interne des entreprises ou des organisations regroupe l'ensemble des actions de communication à destination de ses salariés. Comme l'explique clairement Jean-Marc Decaudin : « Une entreprise doit élaborer un plan annuel dont l'objectif est de relayer sa stratégie, susciter l'adhésion de ses salariés, créer du lien et développer une culture commune[1]. »

Elle mobilise les salariés sur la vie de l'entreprise, ses évolutions, son marché et fédère tous les acteurs de l'entreprise autour d'une culture d'entreprise, de son développement et des changements à conduire, qu'ils soient volontaires ou subis.

« Si la communication peut être considérée comme un objectif, elle doit être appréhendée dans l'entreprise essentiellement comme une technique apte à soutenir une dynamique de développement. »

Elle récolte, diffuse et communique les informations nécessaires à l'entreprise et à ses acteurs internes pour exister, collaborer, travailler et produire, mais aussi pour valoriser la culture de l'entreprise et y faire adhérer les acteurs internes.

La communication interne doit être en symbiose avec les autres formes de communication de l'entreprise (institutionnelle, financière, marketing, environnementale). Il faut tout d'abord réfléchir à l'objectif de la communication : Que veut-on communiquer ? Quelle est la nature des messages à transmettre ? À qui ? Pour qui ? Pourquoi ?

1. Thierry Libaert, *Le Plan de communication*, Dunod, 2003.

Paroles d'expert
Jean-Marc Décaudin,
professeur et écrivain,
spécialiste de la communication interne

Les 8 points fondamentaux de la communication interne[1]

Le plan de communication interne est directement déterminé par la nature de la cible choisie et repose sur huit principes fondamentaux :

- l'existence : définition du plan et des angles d'attaque du discours pour maximiser l'efficacité ;
- la continuité : longue portée dans le temps, capacité de bien évoluer ;
- la différenciation : communication adaptée à l'entreprise et sachant se démarquer dans le fond et dans la forme ;
- la clarté : simplicité dans le but d'être compréhensible, performante et efficace ;
- le réalisme : cohérence avec la réalité de l'entreprise ;
- la déclinaison : uniformité du plan dans le but d'être utilisé sans contraindre les techniques et sans perdre force et clarté ;
- la cohérence : compatibilité avec toutes les communications de l'entreprise ; corporate, financière, environnementale et marketing ;
- l'acceptabilité interne : adhésion du personnel.

Objectifs

Les objectifs d'une politique d'information d'entreprise sont :

- construire et adapter sa communication interne aux objectifs stratégiques à transmettre voire créer, animer et professionnaliser un réseau de communicants ;

1. Jean-Marc Décaudin et Jacques Igalens, *La Communication interne : Stratégies et techniques*, Dunod, 2006.

- assurer une meilleure qualité de décision à tous les niveaux de la hiérarchie, ce qui aidera les salariés d'une entreprise à percevoir le contexte et les limites de leurs initiatives ;
- aider à motiver les salariés sur les enjeux business ;
- permettre à tous les membres de l'entreprise de développer leur créativité en évoquant les perspectives de l'entreprise ;
- créer un sentiment d'appartenance au groupe pour renforcer une meilleure cohésion des efforts.

Enfin, la communication interne sert à relier et à animer un réseau de communication qui développe une politique d'information grâce à des outils : de la newsletter à l'intranet en passant par les journaux internes, les radios internes et les télévisions d'entreprise jusqu'au flash d'information.

Une bonne communication interne ne vaut que dans la durée. Elle doit se déployer au quotidien.

Mais elle peut aussi mener des actions plus ponctuelles, en fonction des circonstances extérieures, des changements et des lancements de projets.

Ces moments clés sont divers : réorganisation de l'entreprise, changements dans l'équipe de direction, lancement d'un nouveau produit ou service stratégique mais également fusion ou rachat de la société et licenciement économique.

Message

Une fois l'objectif et la cible déterminés, il s'agit de se demander quel message précis on souhaite faire passer. La forme que prend le message peut être adaptée en fonction de la cible.

Les questions à se poser

Quelles sont les attentes des salariés en matière de communication ?

Comment mettre en œuvre une politique de communication interne à haute valeur ajoutée ?

Comment créer une communication interne avec la relation au cœur de la dynamique collective ?

Comment créer les conditions d'une collaboration efficace entre les différents acteurs de la communication interne (managers, RH, communicants) ?

Comment faire du manager « un acteur » de la communication ?

Outils

Pour bien communiquer, vos objectifs doivent être en accord avec les supports utilisés. Vous disposez d'un large choix (journal interne, intranet, radios internes, Web TV, flashs info, affiches, vidéos), tout dépend de la taille de votre entreprise et des moyens dont vous disposez pour mettre votre plan à exécution : soit avec l'aide d'une agence de communication, soit directement en interne.

Trois questions à... Marie-Cécile Désormière, directrice de la communication interne de SNCF

Pour vous, qu'est-ce que la communication interne et quels en sont les objectifs ?

C'est un accélérateur qui permet que le changement se fasse rapidement et dans une dynamique positive. La communication interne doit permettre à chacun de se forger la conviction que le sens choisi est bon, pour lui et pour le collectif.

.../...

.../...

L'information qui permet la compréhension et la communication « positive » qui permet d'asseoir la fierté et la confiance sont deux éléments essentiels. SNCF, c'est 250 000 collaborateurs et autant de voix qu'il convient d'écouter, et de savoirs à valoriser, d'envies à fédérer. L'information riche, juste, honnête est la clé de voute de toute communication interne. Elle vise à donner aux salariés les éléments de compréhension de ce vers quoi va l'entreprise et du chemin qu'elle emprunte pour y aller, en veillant à démontrer la contribution de chacun. Elle permet de souligner les succès, sans masquer les obstacles.

Quels sont les outils de communication interne dont vous disposez ?

Bien entendu le *top down*, base de l'information : médias écrits, Web et oral avec la ligne managériale. Mais aussi et surtout l'échange, condition *sine qua non* de la compréhension : réunions managers-agents, forums de discussions sur le Web, *chats* mais aussi retranscription *in extenso* des débats et échanges dans les médias internes. Je citerai aussi les « célébrations » des réussites : trophées du groupe, médias externes et internes qui relatent les succès individuels et collectifs. Et enfin un dispositif d'écoute très pointu grâce à des baromètres et des études internes.

La communication interne s'appuie sur trois registres d'écriture :

- l'information, des écrits factuels qui relient les collaborateurs à la vie de l'entreprise et de son environnement. Parmi eux, le journal d'entreprise, tous les 15 jours ; une « AFP » interne avec 5 à 10 dépêches par jour sur les ordinateurs, smartphones et tablettes ; et l'intranet avec ses 80 000 utilisateurs, véritable Wikipédia destiné à l'information et au partage de données internes de la SNCF ;
- la pédagogie, pour expliquer. Des journaux « hors série » sur un thème de fond (concurrence, situation économique) ; des vidéos « faites passer l'info », des mini-reportages de quatre minutes pour comprendre l'essentiel d'un sujet complexe suivi d'un questions-réponses. Plébiscitées par les managers, les vidéos constituent un outil d'explication incontournable auprès de leurs collaborateurs. L'engagement managérial est un levier clé pour tout travail pédagogique de fond. D'octobre 2010 à juin 2011, 900 rencontres ont été organisées avec 90 000 salariés. Trois heures d'échanges entre le président ou le top management et les agents. Au ton franc, libre et parfois polémique, elles répondent aux questions des participants. Les textes ont été retranscrits et diffusés sans aucune censure. Enfin, les *chats* mensuels entre les managers et le Comex de l'entreprise ;
- l'écriture narrative. Au-delà de l'info, il y a le récit qui raconte l'histoire des hommes SNCF, met en scène et « en vie » leurs expériences, donne

.../...

.../...

à voir une entreprise solidaire qui gagne et avance, ouvre une fenêtre sur une collectivité humaine transverse aux métiers qui participent à la même épopée. Le journal d'entreprise établit la fusion des pages locales et nationales pour mieux incarner le groupe et ses diversités avec une écriture concrète, un reportage narratif qui n'a plus rien de stratégique.

Comment réussissez-vous à maintenir la cohérence des écrits internes SNCF ?

Elle est fondée sur deux éléments indissociables : une charte sémantique© et une équipe interne de journalistes professionnels en charge de l'ensemble des leviers d'information. Ils sont les garants de la posture, du ton, de l'animation et de la coordination des contributeurs à l'information dans l'entreprise. Sur tous les supports, SNCF possède un ton et une posture. Je conseille des écrits courts, percutants et approfondis. Le simple n'est pas le simplificateur.

Le journal interne d'une entreprise

Qu'est-ce que c'est ?

Nombreuses sont les entreprises qui souhaitent créer leur journal interne. Mais développer un tel projet nécessite réflexion, ordonnancement, organisation et moyens. Votre entreprise possède un « esprit » qui lui est propre. Le journal interne est l'outil parfait pour fédérer vos salariés autour de cet esprit d'entreprise et pour qu'ils vous aident à l'exprimer. Pour ce faire, votre journal devra refléter au mieux cet univers, tant dans sa forme que dans son fond.

Le journal interne peut prendre différentes formes, la choisir est déjà en soi un acte de communication :

- le support papier : 4, 8, 12 pages…, format berlinois (470 × 320 mm) , A4 ou tabloïd, etc. ;
- le Web : pdf, HTML, newsletter, sur l'intranet, site Internet, plateforme collaborative ;
- la vidéo.

Le journal interne, dans sa version papier, est un des outils les plus importants en communication interne. En fonction de sa ligne éditoriale, il véhicule des messages sur des thèmes assez divers : stratégie, signatures de contrats, projets d'innovation, les métiers, des portraits de salariés, conventions internes, soirées du personnel, etc. Il transmet des valeurs communes, une culture d'entreprise.

Comment le rédiger ?

Trois possibilités pour la conception de votre journal : la création en interne, la création externalisée (agence de communication, studio graphique ou free-lance) ou la création semi-externalisée.

Créer un journal interne nécessite de mettre en place différentes fonctions :

- le comité éditorial est le garant de la ligne éditoriale. Il définit le « chemin de fer » (déroulement des rubriques). Il débat des orientations à prendre et détermine les sujets et les angles des articles ;
- le rédacteur en chef est le pivot de l'équipe. Il organise et coordonne planning, réunions, collecte des articles. Il anime, contrôle, évalue et fait évoluer la publication ;
- le rédacteur doit respecter les règles journalistiques en variant les genres journalistiques (articles d'informations, brèves et échos, interviews, enquêtes et dossiers, éditoriaux et billets, reportages, comptes rendus, portraits, articles historiques, revue de presse, bande dessinée, critique, courrier, table ronde, libre opinion, communiqué et aussi les entrées de lectures – exergue, légende, intertitre, surtitre, chapô, encadré…) ;
- le maquettiste s'occupe de la mise en page, qui retient l'attention et donne envie de lire. Il est le garant du respect des règles de mise en pages définies au premier numéro.

Chaque secteur de votre entreprise doit être représenté. Fédérez toutes vos équipes. Désignez au moins un représentant de la rédaction dans chaque service. Si vous ne disposez pas de service communication ou ressources humaines, c'est à la direction qu'incombera la responsabilité du journal. Dans ce cas, veillez à ce que le journal ne devienne pas la « voix de son maître ».

La gestion du journal interne est souvent confiée à la DRH ou à la directrice de la communication interne qui dirigera le projet, et sa conception, au service de communication.

Vous pouvez sous-traiter la rédaction (agence de communication, concepteur-rédacteur).

Cependant, les articles peuvent être écrits en interne, les rédacteurs ayant une parfaite connaissance de leur entreprise. Sachez néanmoins que le secrétariat de rédaction (collecte et relecture des articles), le maquettage (présentation et mise en pages) ainsi que les relations avec l'imprimeur réclament temps et compétences techniques.

Pour mettre au point votre parution, les questions phares à examiner sont multiples.

La ligne éditoriale incarne le projet auquel le journal correspond et permet de définir les orientations du support. En cas d'interrogations sur le choix d'un sujet, s'y référer permet de trancher. C'est elle qui donne au journal sa cohérence et sa justification. La ligne éditoriale permet d'aboutir à la charte rédactionnelle du support : ton du journal, titre, rubricage, règles de mise en pages.

Le rubricage se fait en fonction des finalités recherchées par le journal interne.

Finalités	Rubriques
Informer/Expliquer	Actualités / Enjeux / Stratégie
Fédérer/Motiver	Dossier / Entre nous
Valoriser	Coup de projecteur sur un service / Portrait / Carnet / Les mouvements
Détendre	Découverte / Sortir / Pratique / Jeux

Les personnes ressources, ou le réseau d'informateurs, doivent identifier, dans chaque service, une ou plusieurs personnes ressources capables de remonter l'information, leur expliquer les besoins : faire collecter les critiques, les attentes, les actualités, les interrogations, les idées de sujets. Cette personne ressource doit posséder un bon relationnel, être à l'écoute, savoir identifier les sujets potentiels et bien connaître l'établissement.

Le contenu du journal interne joue à la fois sur le plan stratégique de l'entreprise (faire comprendre les enjeux) et sur celui de la ligne éditoriale (répondre aux attentes des lecteurs par un ton choisi auquel on est fidèle). Partez du constat le plus évident : un journal existe pour et par son lectorat. Ne perdez jamais de vue que votre publication est d'abord destinée aux collaborateurs.

Pour répondre à leur demande, vous devez savoir qui ils sont, et leur apporter des informations pratiques et exploitables au quotidien.

Les informations que vous diffuserez ne doivent pas s'inscrire dans le strict cadre de l'entreprise, au risque de vite devenir rébarbatives. Au-delà des chiffres ou des analyses, les équipes apprécient l'aspect humain et sensible : découvrir les coulisses, les émotions vécues.

N'hésitez pas à évoquer les incidents, les succès et les échecs de l'entreprise. Cela ne trahit pas de secrets et démontre au contraire une ouverture d'esprit, la capacité de l'entreprise à reconnaître ses difficultés et à les résoudre. C'est pourquoi il ne faut pas non plus hésiter à parler de la concurrence.

Votre journal doit également traiter de la vie sociale de l'entreprise (arrivées, départs, naissances…) et contenir des rubriques qui donnent la parole aux salariés à travers des interviews, tribunes libres, petites annonces, témoignages… Plus le personnel aura la parole dans son journal, plus il y sera attaché.

Nos conseils

Ne perdez jamais de vue les objectifs du journal interne :

- la vérité du discours ;
- une parole qui traite d'égal à égal les salariés et les dirigeants ;
- un naturel et un ton juste ;
- des rubriques qui laissent le cœur de l'entreprise s'exprimer ;
- le rationnel : clarté et efficacité ;
- l'émotion : convivialité et appropriation.

Où trouver l'information ? Dans les documents écrits internes, les revues de presse sur le sujet ou sur les concurrents, grâce à la lecture de la presse généraliste et spécialisée ou dans des bases de données chiffrées (attention toutefois aux chiffres incompréhensibles ou mal expliqués). Enfin, dans des librairies spécialisées.

Mais aussi, au sein du réseau interne, auprès des alliés, des salariés ou des collaborateurs les plus anciens du groupe ou même en examinant le point de vue de la concurrence.

Dans la mesure du possible, recherchez d'abord l'information fiable, puis originale !

Attention !

Même la recherche d'information est une posture. Il faut effectuer des recherches à 360° et savoir se mettre tout le temps à la place des autres (cf. les différentes formes d'esprit) !

L'information va à l'informé : il faut savoir hiérarchiser ses recherches.

Le comité de rédaction doit décider de la variété et de la complémentarité des informations recherchées et des personnes interrogées.

.../...

.../...

> Le temps dont on dispose n'est pas élastique... C'est un art que de savoir organiser son temps.
>
> Le mieux est l'ennemi du bien ! Bien souvent, l'excès de précision peut nuire à la clarté.

Définir l'angle du sujet, c'est choisir parmi les différentes informations d'un même thème la plus importante aux yeux des lecteurs.

L'information la plus importante se détermine à partir de la loi de la proximité que vous décidez de choisir : temporelle, géographique ou culturelle...

Le choix de l'angle est primordial : de sa pertinence, ou non, dépendra le degré d'adhésion du lecteur. L'angle est une posture : il est lié au « pourquoi » vu dans le schéma de Lasswell (cf. page 25-26).

Le plan d'un article se construit le plus souvent autour de l'information principale.

Le plan chronologique : c'est le plan le plus simple, mais pas nécessairement le plus dynamique, car on part de l'événement le plus lointain pour le lecteur. De plus, l'information n'y est pas hiérarchisée et il faut attendre la fin de l'article pour connaître l'information principale.

Le plan « flash back » : il part de l'événement (le fait, la situation), pour aller au passé (les causes), puis remonter au présent (les conséquences), et enfin conclure sur les perspectives futures.

Le plan en « pyramide inversée » : le plus important est immédiatement livré au lecteur, dès le premier paragraphe. Les autres informations sont ensuite déroulées dans un ordre d'importance décroissante.

Bien d'autres formes de plan existent.

Pour écrire un article intéressant, l'information brute ne suffit pas. Il faut analyser le contenu et le mettre en valeur par une écriture claire, précise et soignée. Le titre doit être soigneusement choisi et parlant. La première phrase doit donner envie de continuer et l'information doit se trouver au début de l'article. Ne pas hésiter à utiliser les expressions, les images, les anecdotes les plus « parlantes » et à rajouter une image (photo, caricature, schéma...) pour illustrer son propos. Enfin, savoir privilégier une mise en pages aérée.

Nos conseils

Les grandes lois du style journalistique

- Reliez les paragraphes par des connecteurs ou des phrases de liaison afin de marquer la logique d'argumentation.
- N'oubliez pas cette donnée essentielle pour toute rédaction : une information par phrase, une idée par paragraphe.
- Donnez du rythme à votre article : utilisez des phrases courtes et incisives (sujet, verbe, compléments)... Sachez inverser, faire bouger vos phrases.
- Mais alternez le type de structures pour donner du rythme (introduire quelques phrases plus longues, plus riches ou originales dans leur structure, des phrases averbales, subordonnées).
- Selon le sujet et la façon dont l'auteur veut l'aborder, on peut choisir un ton clinique, distant, sensible, grave, léger, humoristique, pédagogique, solennel ou complice.
- Choisissez des mots concrets.
- Privilégiez les verbes actifs.
- Préférez les temps usuels de conjugaison : le présent et le passé composé.
- Évitez les jargons et acronymes, ou, quand cela est impossible, les définir.

.../...

.../...

- Les points et les virgules doivent apparaître clairement.
- Utilisez les mots de liaison (en effet, car, mais, pourtant, aussi, donc...).
- Méfiez-vous des anacoluthes (enchâssements).

On distingue, de manière simplifiée, sept grands types d'écrits journalistiques : l'article, la brève, l'éditorial, la chronique, l'enquête, le reportage, l'interview. Nous allons en étudier quatre.

L'article

Il est réalisé à partir d'informations extérieures ; le journaliste l'écrit avec des informations qui lui ont été transmises (il n'est pas allé sur le terrain) : brèves, dépêches, documentations diverses. Il retranscrit un événement, ses causes, ses conséquences et les perspectives qu'il ouvre. Il décrit et cherche à comprendre pour le lecteur (« argumentation ouverte »). Il peut être indépendant, ou être compris dans un ensemble (un dossier par exemple). Les paragraphes doivent pouvoir être « modulables », facilement intervertis en fonction de l'angle de l'article.

La brève

Une information brute, sans commentaire, transmise en un minimum de mots. Elle répond à « qui », « quoi », « où » et « quand ». Elle n'a pas de titre ou alors un titre très bref. Elle comporte cinq à dix lignes en un seul paragraphe. Un exemple de bonne brève :

« Bons résultats pour DB

En 2012, les résultats financiers de l'opérateur allemand devraient dépasser les 2,75 milliards d'euros pour l'année complète. Ses bénéfices s'élèvent déjà à deux milliards d'euros sur les neuf premiers mois de l'année. »

À éviter

- Les phrases longues.
- Trop d'effets de style (ainsi, de même, en plus).
- Une brève qui ne fait pas bloc.
- Une brève qui ne met pas en scène les valeurs de la marque.

Le reportage

Le reportage décrit une situation, il donne une vision personnelle de l'information. Il offre un contact entre l'événement et le journaliste : faire voir, faire entendre, faire sentir, faire vivre…

L'interview

Ce n'est pas un simple jeu de questions-réponses. L'interview porte un enjeu : on interroge avec un but précis, et non pour mettre en valeur la personne interviewée. C'est une joute verbale : l'interviewer ne doit pas se laisser « promener » par l'interviewé, l'intervieweur ne doit pas « braquer » l'interviewé par des questions inadéquates.

L'interview est soumise à trois contraintes :

- une contrainte de préparation : connaître son sujet tout autant que le parcours de la personne interviewée, avoir préparé ses questions ;
- une contrainte de comportement : un endroit neutre, un enregistrement par magnétophone, une relation interviewé/interviewer neutre ;
- une contrainte de rédaction : retranscrire de manière fidèle les propos de la personne interviewée, supprimer le superflu sans altérer le propos, reconstruire l'entretien de façon attrayante pour le lecteur.

Un entretien se prépare de la manière suivante : réunir une documentation sur le sujet de l'interview – les questions posées ne doivent pas être redondantes avec des informations figurant déjà dans des revues ou des livres.

Se renseigner précisément sur la personne interrogée : connaître son parcours professionnel, ses études, ses centres d'intérêt. Lors de l'entretien, votre interlocuteur sentira immédiatement si vous connaissez votre sujet, et s'il peut vous accorder sa confiance. Préparer les questions : éviter les questions générales ou institutionnelles ; s'attacher à « atteindre » la personne, sans pour autant être indiscret. Poser une question à la fois. Délimiter son sujet et prévoir la durée de l'entretien.

Le déroulement de l'entretien : gagner la confiance de la personne interrogée est important. Se présenter et expliquer les raisons de l'interview. Détendre l'atmosphère, commencer par un court bavardage préliminaire.

Même si vous utilisez un magnétophone, qui vous laissera plus libre lors de l'entretien (sauf si votre interlocuteur le refuse...), la prise de notes est conseillée pour les éléments les plus importants, les réflexions les plus originales. Maîtriser votre entretien : laisser l'interviewé en dire plus lorsque cela est nécessaire, mais ne pas hésiter à recentrer sur le sujet de l'interview. Ne pas avoir peur des silences. Ne pas hésiter à faire répéter ou à poser une même question mais de manière différente pour obtenir la réponse. Pour une bonne retranscription d'une interview, il faut savoir garder l'esprit, et non la lettre : le mot à mot n'est pas de rigueur, il faut reformuler clairement les propos, parfois confus, de l'interlocuteur.

Toute l'interview ne doit pas être retranscrite : se concentrer sur une dizaine de questions au maximum. Il faut, en revanche, rester fidèle à l'esprit : l'art de l'interview consiste à saisir rapidement ce qui fait la teneur, l'originalité, le « sel » du propos. Veiller à retranscrire les questions de la manière la plus courte afin de privilégier les réponses de l'interrogé. Enfin, habiller l'interview d'un titre (une citation par exemple) et d'un chapô qui indiquera les raisons de cette interview ainsi que les nom et qualité de la personne interrogée.

Nos conseils

La meilleure façon de rédiger l'interview

Préférer un vocabulaire concret à un vocabulaire abstrait : se méfier des substantifs et des nominalisations afin de ne pas écrire de manière trop conceptuelle.

Préférer les mots forts et les verbes signifiants aux mots passe-partout (voir, faire, être, etc.), afin de donner de la richesse au texte et de préciser le propos.

Penser à la sensibilisation et donner de la saveur et de la couleur au discours.

Éviter les jugements de valeur :

- les adjectifs subjectifs : beau, bien, bon…
- les substantifs dépréciatifs ou porteurs de connotations induites : médiocre, imparfait…

Le journal interne SNCF : le sommaire

L'Édition nationale : l'édition mensuelle de tous les agents

Pages Rebonds

À la une sur e-changeons

La parole est à vous

La presse en parle

Pages Quoi de neuf ?

Des chiffres

En Bref : Brèves consacrées à l'actualité de SNCF

Articles : Un ou deux thèmes de l'actualité SNCF sont traités en particulier

Pages Rencontres

Rencontres organisées entre les agents et le président.

Rencontres managers

Pages Information « froide » (non d'actualité)

« Portrait »

« Vis ma vie »

« Comment ça marche ? «

Pages Loisirs

« Quiz »

« Le saviez-vous » ?

« Histoire »

L'édition profilée : par région, par branche

Pages généralistes

100 % client

Technologie et travaux

Agents

Échos : « La presse parle de nous »

Pages branches

À la une

Regards croisés : Interviews

Quoi de neuf ?

Reportage

Nos commentaires

Le fond : les rubriques sont percutantes et accrocheuses. La répartition entre les écrits journalistiques est équilibrée : les formes brèves sont alternées avec les articles plus longs qui associent information factuelle et analyse.

Le plan donne une vision globale de l'entreprise : information, chiffres, points de vue internes savent mettre en perspective le groupe selon une identité et un projet communs.

Les rubriques consacrées aux clients traduisent également une entreprise qui se fonde sur un esprit de service.

Le plan d'un journal interne doit savoir répondre aux attentes du lecteur et aux objectifs internes : informer, expliquer, fédérer, motiver, échanger, valoriser, détendre.

Le print sait retranscrire avec efficacité les paroles marquantes du Web.

Dans les titres, les jeux de mots sont bien vus lorsqu'ils sont clairs et qu'ils dynamisent la maquette du journal.

La forme : les rubriques sont claires et efficaces. Les pages nationales et régionales sont bien réparties et les rubriques sont les mêmes d'une édition à l'autre – le plan est clair, la lecture aisée.

Nouveaux contrats pour Fret SNCF

« En cette fin d'année, quatre clients (Rio Tinto Alcan, Alteo, Storione et Lyondell-Basell) ont reconduit leurs contrats avec Fret SNCF. Certains lui confient même de nouveaux flux. Ainsi le groupe minier international Rio Tinto donne à Alcan Fret SNCF la gestion totale totale des trafics de deux de ses usines et prévoit en plus de lui accorder sa confiance sur un flux vers Singen (Allemagne) en 2013 et 2014. »

Nos commentaires

Le fond : le contexte est bien rappelé et le rédacteur répond bien aux 5 questions du schéma de Lasswell. Les informations sont claires, précises et documentées. L'écriture reste factuelle et simple (c'est une valeur SNCF). Le style est neutre. Le choix des temps est cohérent.

La forme : cet « En bref » aurait pu être rédigé de manière plus courte : « *Quatre clients (Rio Tinto Alcan, Alteo, Storione et Lyondellbasell) ont reconduit leur contrat avec Fret SNCF à la fin de l'année. Certains lui confient de nouveaux flux. Entre 2013 et 2014, il aura la gestion de deux usines et d'un flux en Allemagne du groupe minier international Rio Tinto Alcan.* »

Une petite photo illustre le propos, lui donne vie. Les couleurs sont attrayantes.

Point de vue d'un agent dans le cadre d'un reportage

« La population féminine de SNCF ne représente que 18 % des effectifs, une population encore trop faible à laquelle SNCF a décidé de remédier. Un accord favorisant la mixité et l'égalité professionnelle entre hommes et femmes a été signé. Le 29 novembre, la première édition du Girl's day a renforcé la dynamique : 3 000 collégiennes et lycéennes ont été accueillies dans les établissements SNCF pour découvrir des métiers encore largement masculins. Pourtant les femmes y ont aussi leur place. »

Julie Grimler, ingénieur sécurité projet et études

L'ingénierie comptait 16 % de femmes en 2011 contre 14,5 % en 2009. Embauchée en 2010, Julie Grimler participe à cette féminisation assez récente. Intéressée par le ferroviaire depuis son stage d'école d'ingénieurs, elle anime aujourd'hui des démarches traitant de problématiques de sécurité pour le compte de RFF : « J'ai la chance de travailler dans une équipe mixte : nous sommes deux femmes et trois le mois prochain sur six personnes. Cela présente des avantages concrets pour le travail : nous fonctionnons souvent en binôme, composés d'un homme et d'une femme… »

Nos commentaires

Le fond : il est préférable d'éviter les temps passés ou la voix passive dans un chapô qui doit être actualisé, surtout dans un reportage. Quant à la citation, elle devrait illustrer les propos généraux par un exemple concret.

La forme : le contexte est clairement exposé mais trop longuement (quatre lignes au maximum). Les chiffres gagneraient à apparaître dans un encadré. L'interview est bien retranscrite, la citation est importante. Julie Grimler devrait être nommée quand on la cite. Par ailleurs, la citation est trop longue, elle devrait être scandée par des phrases plus courtes (favoriser « elle ajoute », ou « poursuit-elle »). La retranscription des propos de l'interviewée est trop littéraire.

Trois questions à... Anne-Laure Demory, responsable de l'information interne chez SNCF

Pouvez-vous décrire vos publications en communication interne ?

Depuis mars 2012, nous avons lancé une nouvelle formule : chaque salarié reçoit « les Infos » dans une édition personnalisée selon la branche à laquelle il appartient, et, quinze jours après, « Les infos le Mag » dans une édition magazine nationale. Les deux incarnent l'esprit de la marque unique SNCF. La cohérence est assurée par la maquette, la charte typographique et, surtout, par une ligne éditoriale commune, fondée sur un traitement journalistique. Les infos sont un journal d'information et d'actualité, avec de vrais articles, parfois « poils à gratter », qui répondent toujours aux codes de la presse. Parce qu'en offrant à nos agents un journal de qualité, ressemblant à la presse externe, nous leur signifions respect et reconnaissance.

Côté multimédia, nous possédons un site d'information interne, Lesinfos.sncf.fr. sur intranet, avec dépêches d'actualité, diaporamas, vidéos, documents dédiés aux managers, et les pdf des différentes publications internes...

.../...

.../...

Nous publions deux newsletters : « Temps réel » qui s'adresse à tous, et « Les Infos d'avance » qui vise les cadres – 15 000 d'entre eux (sur les 25 000 du groupe) y sont abonnés.

Nous produisons aussi avec *Elephant at Work* une vidéo mensuelle sur un sujet stratégique « Faites passer l'info ». Pédagogique, elle vise les top managers qui relaient ces clés de compréhension auprès de leurs équipes.

Et nous venons de lancer des notifications push sur iPhone pour nos managers.

La communication interne SNCF possède une charte sémantique© qui fonde les codes d'expression de la marque. Elle laisse libre parole à chacun, indiquant toutefois un style, un mode de composition, un lexique. Elle concerne le « comment écrire » et ne touche pas au « dire ».

Notre journal interne n'adopte pas une stratégie de type « top down », ce n'est pas un organe militant. Le contenu est bien sûr relu et validé par la direction, laquelle nous laisse une vraie liberté. Nous pouvons nous permettre d'être « poil à gratter » et nous devons l'être pour être crédibles. Nous privilégions la parole des agents et les débats.

Quels conseils donneriez-vous aux rédacteurs de journaux internes ?

Que leur journal interne soit d'aussi grande qualité qu'un journal externe. Soigner particulièrement la titraille : elle donne au lecteur l'envie d'aller plus loin. Pour les reportages sur le terrain : avant de partir, impérativement fixer un angle précis pour traiter le sujet, et avoir préparé un dossier. Adjoindre à l'équipe un photographe pour des photos vivantes, évitant les clichés « en rang d'oignons », style photos de classe ou presse médiocre. Sur le terrain, interroger les agents et pas seulement leur responsable. Et savoir traduire leur langage s'il est trop technique afin que leur vécu puisse être partagé par tous. Bien mettre en valeur le fait que l'on a réellement été sur le terrain, par le biais de descriptions, de témoignages, qui diffusent dans l'écriture du vécu et du ressenti.

Dans la presse interne, comme dans la presse classique, il faut posséder une vraie ligne éditoriale et la faire respecter. C'est parfois difficile dans la presse interne, car les salariés ont le sentiment que, comme il s'agit d'un journal interne, chacun a droit à sa page, son sujet, son portrait... Il faut savoir refuser un sujet qui ne convient pas. Et bien entendu relire les articles, mais valider uniquement le fond, rester maître de la forme.

Quelle est la recette d'une bonne interview ?

L'interview est un exercice très difficile. Les « bons clients » parlent abondamment, de façon claire et précise. Mais pour d'autres, la maïeutique est nécessaire !

.../...

…/… Je conseille alors que chaque question puisse être lue individuellement et de proscrire les interjections de style « Et alors ? ». Que les questions soient ciblées sur ce qui est rare, inattendu, sur ce qui va apporter de la valeur ajoutée à l'article pour faire sortir des choses étonnantes, imprévues. Et ne jamais hésiter à donner des exemples : en presse interne, ils nourrissent un discours par la preuve qui fonde la crédibilité des publications.

L'intranet d'une entreprise

Qu'est-ce que c'est ?

Un intranet est un ensemble de services Internet (par exemple un serveur Web) interne à un réseau local, c'est-à-dire accessible uniquement à partir des postes d'un réseau local et invisible de l'extérieur. Il consiste à utiliser les standards client-serveur de l'Internet, par exemple l'utilisation de navigateurs Internet, pour réaliser un système d'information interne à une organisation ou une entreprise.

Un intranet est un réseau informatique privé, interne à une entreprise ou une organisation, et dont l'accès est protégé par des codes. Il fonctionne en circuit fermé, par opposition à l'extranet, qui est un réseau géré non par l'entreprise, mais par une entité externe.

Ses objectifs sont simples :

- communiquer de manière ciblée, à grande échelle ;
- créer des liens dans l'entreprise, en améliorant la connaissance réciproque des individualités et des métiers ;
- partager des données de manière sécurisée et traçable, tout en gagnant du temps.

L'intranet est donc un axe essentiel de la cohésion de l'entreprise. La révolution numérique du Web 2.0, interactif et conversationnel, réinvente et enrichit cet axe. L'intranet est en train de muter : il n'est plus seulement un outil de communication interne. Il devient l'ossature d'un nouveau modèle d'entreprise : l'entreprise conversationnelle et collaborative de l'ère numérique. D'où sa nécessaire adaptation.

En effet, la situation a changé et des besoins nouveaux sont apparus. Les frontières entre la communication interne et la communication externe sont de plus en plus poreuses. Les collaborateurs sont devenus aussi des ambassadeurs de l'entreprise, notamment sur les réseaux sociaux. Ils peuvent être des artisans efficaces de son storytelling interne mais aussi externe. Les consommateurs qui sont des clients fidèles de l'entreprise bâtissent aussi son e-réputation. Amazon réalise 40 % de ses ventes grâce aux avis et aux recommandations de ses clients. L'intranet fonctionnant en vase clos, à sens unique, n'est plus assez souple pour la nouvelle configuration des relations entre l'entreprise, ses collaborateurs et ses publics.

En intégrant un réseau social d'entreprise à son modèle, l'entreprise s'offre une vue d'ensemble de ce qui se dit sur elle et peut mieux évaluer son e-réputation. Les collaborateurs peuvent aussi mieux se coordonner et être plus cohérents dans leurs messages. Par exemple, la marque de cosmétiques MAC a mis en place une plate-forme centralisant tous les tweets de ses maquilleurs : Macartiststweets.com. Elle participe au storytelling de l'entreprise.

Les données créées en ligne sur l'entreprise augmentent de manière exponentielle. C'est pourquoi un nombre croissant d'entreprises étudient l'alternative du cloud computing. Les collaborateurs ont besoin de nouveaux outils, par exemple les vidéo-conférences et les alertes en temps réel sur des sujets ciblés. Ils ont en face d'eux des clients désormais habitués à des réponses rapides, en temps réel.

Faire circuler l'information, c'est aussi favoriser l'interactivité, ce qui permet ainsi une meilleure coordination automatisée voire une « fertilisation des esprits » comme lors de brainstorming. L'intranet encourage la fin de l'organisation pyramidale de l'entreprise. Il s'adapte parfaitement au management plus participatif des structures qui fonctionnent davantage par groupes de projets. C'est la fin de la diffusion automatique des informations du sommet vers la base. Il favorise l'émergence des groupes de travail virtuels.

Dans une entreprise, l'intranet permet de mettre facilement à la disposition des collaborateurs les documents les plus variés ; et d'avoir un accès centralisé et cohérent à la mémoire de l'entreprise, on parle alors de « capitalisation de connaissances ».

Il est généralement nécessaire de définir des droits d'accès pour les utilisateurs de l'intranet et par conséquent une authentification afin de leur permettre un accès personnalisé à certains documents. Des documents de tous types (textes, images, vidéos, sons) peuvent être mis à disposition sur un intranet.

Les besoins internes, exprimés ou sous-jacents, du projet intranet sont : communiquer plus facilement entre les services et les individus ; raccourcir les processus décisionnels et améliorer les délais ; réduire considérablement la quantité de papiers accumulés ; répondre aux questions techniques des clients.

Un intranet peut réaliser une fonction de *groupware* très intéressante, c'est-à-dire permettre un travail coopératif.

Voici quelques-unes des fonctions qu'un intranet peut réaliser :

- mise à disposition d'informations sur l'entreprise (panneau d'affichage) ;
- mise à disposition de documents techniques ;
- moteur de recherche de documentations ;

- échange de données entre collaborateurs ;
- annuaire du personnel ;
- gestion de projet, aide à la décision, agenda, ingénierie assistée par ordinateur ;
- messagerie électronique ;
- forum de discussion, liste de diffusion, *chat* en direct ;
- visioconférence ;
- portail vers Internet.

Un intranet favorise la communication au sein de l'entreprise et limite les écueils relatifs à la mauvaise circulation d'une information. L'information disponible sur l'intranet doit être mise à jour en évitant les conflits de version.

Un intranet doit être conçu selon les besoins de l'entreprise ou de l'organisation (au niveau des services à mettre en place). Ainsi, l'intranet ne doit pas être conçu par les seuls informaticiens de l'entreprise, mais selon un projet prenant en compte les besoins de toutes les parties prenantes de l'entreprise.

Comment le rédiger ?

Les lecteurs abordent l'information sur intranet autrement que lorsqu'ils lisent un document imprimé. Écrire une page pour votre site intranet nécessite dès lors de connaitre et de garder à l'esprit quelques points fondamentaux.

Créer des intranets attractifs et lisibles dépend du respect de certaines règles et bonnes pratiques. Et aussi d'un état d'esprit où créativité et mise en place d'une démarche de qualité globale sont les maîtres mots. Par exemple, selon le type d'information à mettre en ligne, il convient de choisir :

- le format éditorial le mieux adapté à l'intranet (article, brève, reportage, blog, séquence vidéo…) ;

• le découpage approprié en modules, au sein de l'arborescence.

Les contributeurs doivent garder à l'esprit les principaux enjeux du contenu qu'ils délivrent, l'équilibre d'un ton à la fois simple et efficace, la structure éditoriale Web, les règles rédactionnelles, de l'entreprise et spécifiques au format Web.

Le contenu doit être maîtrisé, vérifié, et source d'une information fiable pour l'utilisateur. Il doit être respectueux de la stratégie globale du groupe et en adéquation avec les attentes des différents publics.

L'intranet est le haut lieu de l'efficacité de l'expression et des échanges internes qui peuvent porter sur les hommes et les pratiques internes.

L'intranet d'une entreprise doit privilégier un ton essentiel et savoir véhiculer une efficacité d'expression qui allie simplicité et efficacité, chaque contributeur doit trouver le juste équilibre pour satisfaire ses différents publics, experts ou non experts. Il doit comprendre, dès la première lecture, la teneur de l'information afin de pouvoir se faire une idée précise de ce qu'il va trouver dans la page ou le dossier.

Les intranets peuvent aussi être des hauts lieux de savoir contenant des données nombreuses et précieuses sur les pratiques voire la R & D de l'entreprise.

Privilégier les textes courts qui n'ont pas toujours besoin de connecteurs ou liaisons. L'ensemble doit dégager une construction réfléchie et composer un guide d'information équilibré. L'objectif majeur n'est pas pour une fois la cohérence du style, mais la fiabilité, la complémentarité et la praticité de l'information.

Nos conseils

Incarner un style partagé quels que soient vos écrits internes

Dire avec justesse : vos mots et vos phrases reflètent l'esprit de la marque.

Personnalisez votre propos : être direct, attentionné et proche, c'est savoir s'adresser à chacun. Pour créer du lien, utilisez le « nous » et le « vous ».

Prouvez-le : un argument bien fondé fait gagner à votre discours des points de confiance.

Adoptez une posture claire et affirmée : ciblez et mettez en scène vos arguments clés.

Mettez en scène votre discours : l'ordre des idées et la manière de les relier influencent le sens du discours. Disposez vos arguments selon la posture que vous voulez adopter.

Soyez à l'écoute : choisissez des tournures simples qui témoignent de votre attention à l'autre, les valorisent.

Donnez un moteur à vos phrases : sélectionnez des verbes forts et précis. Le verbe est le moteur de la phrase ; grâce à lui la pensée et l'action s'expriment.

Adoptez une langue imagée et forte qui possède des figures de style : pour se faire comprendre, il faut aussi savoir séduire.

La métaphore peut illustrer la connivence ou la proximité avec le client. Elle peut dynamiser le discours.

Sur l'intranet, le langage est adapté à l'exercice du métier, il doit pouvoir être approfondi par autant de niveaux d'information que nécessaire au sein de la page ou du dossier.

On ne parle pas de la même manière selon qu'on parle au nom de l'entreprise ou en tant qu'animateur de réseau ou expert métier. Il s'agit de trouver un juste équilibre entre ces deux modes d'expression qui sont complémentaires et garants de la ligne éditoriale de l'entreprise.

La structure de l'intranet doit savoir jouer sur les gabarits de contenus (simple dossier, brève) tout en multipliant les entrées de lecture par la hiérarchisation de l'information (titre, résumé, intertitres) et le relief qui lui est donné (encadrés, photos, liens, verbatims, chiffres).

L'équilibre éditorial passe également par un contenu soigné et respectueux des règles rédactionnelles en utilisant des phrases construites mais courtes et actives, et en employant des termes clairs et forts de sens (éviter les termes conceptuels) qui savent incarner l'appartenance à l'entreprise.

En pratique, un contenu intranet se compose de plusieurs éléments : la position dans le portail, la ou les cibles, la date de publication, la date de fin de validité, la ou les sources, l'angle, le calibrage et les éléments d'habillage.

La cohérence des contenus doit être maîtrisée en donnant aux contributeurs un socle commun d'informations et de références. Quand on conçoit ou rédige sur un intranet, il faut garder en tête les règles d'or de la rédaction Web : niveaux de lecture, phrases courtes et incitatives, liens et intitulés efficaces, un calibrage optimisé et une titraille incitative. Enfin, il importe de créer un équilibre entre le contenu éditorial et les impératifs d'ergonomie et d'identité visuelle pour mieux servir les internautes.

Paroles d'expert
Extrait du « Manuel du rédacteur intranet SNCF »

Les clés d'une écriture appliquée à l'intranet : les 4 C

- Crédibilité : trouver le ton juste, choisir son angle.
- Clarté :
  - organiser l'information, construire un plan ;
  - rédiger des titres, accroches, résumés et intertitres ;
  - jouer la complémentarité des formats : texte et alternatives au texte (vidéo, schémas, images, etc.) ;
  - trouver des mots clés.
- Concision : aller à l'essentiel, pas de superflu.
- Cohérence : assurer une cohérence entre le contenu rédactionnel et l'identité visuelle : écriture des textes, typographie, répartition des blocs d'information.

Motoscout : les trois onglets et leurs rubriques

Communication

Actualités groupe

L'usine présente son nouveau moteur (lire et commenter la brève)
Au départ du Paris-Dakar (lire et commenter la brève)
Blog du directeur de l'ingénierie : mes vœux pour 2013 (lire le billet)
Grand Prix du Mans : ce que la nouvelle réglementation changera pour nous (lire le communiqué de presse interne)

Actualités France

Résultats commerciaux 2012 (lire et commenter la brève)
Fondoto 45 parraine de jeunes boursiers méritants (lire et commenter la brève)
L'espace RH évolue : plus riche, plus fonctionnel (lire et commenter la brève) +
Accueil lesrhetvous@com

Mes espaces métiers

Accéder à tous les sites internes des directions de l'entreprise

Direction de l'ingénierie

Direction du design

Direction du développement

Direction des ressources humaines

Direction de la communication

Direction du marketing

Direction commerciale

Accéder aux sites des usines

Strasbourg

Limoges

Accéder aux sites des filiales

Belgique

Italie

Espagne

Mes services

Actualités et liens utiles

Poser et suivre mes congés

Catalogue des produits et services informatiques

Créer un ordre de mission, une note de frais

Réserver une salle de réunion

Catalogue formation

Accéder aux notes de nomination

Infos et tarifs vente au personnel

Offres collaborateurs

Espace RH – collaborateur

Carrière, formation

Gestion administrative (fiche individuelle, formulaires, attestations)

Gestion de mon temps de travail (absences, congés)

Paie et avantages sociaux

Relations sociales et conditions de travail (accords collectifs, bilan social, sécurité)

Nos commentaires

Le fond : le site est organisé en trois grands thèmes (communication, mes espaces métiers, mes services). L'usage du terme « communication » manque de chair : il est dépersonnalisé, l'intranet est un outil à l'usage des hommes de l'entreprise, il devrait s'adresser à eux de manière plus conviviale.

La forme : déjà dans les titres, les onglets devraient être homogènes. L'usage du déterminant possessif est absent du premier d'entre eux. À titre d'exemple, le titre de cette rubrique : *L'espace RH évolue : plus riche, plus fonctionnel (lire et commenter la brève) + Accueil lesrhetvous@com* est trop long, il donne une information importante mais située tellement loin que lecteur a décroché depuis longtemps.

Les titres de rubriques sont trop longs, et l'intranet général manque d'interactivité. Les titres des onglets ne sont pas suffisamment lisibles immédiatement, ce qui complique la navigation de l'intranaute. Les phrases gagneraient à être averbales et sans ponctuation, il ne s'agit pas de titre mais de rubriques.

Nos conseils

L'intranet est un lieu unique de partage d'un cadre commun qui n'empêche pas l'autonomie.

En premier lieu

Réfléchir à un juste équilibre entre l'incontournable et l'intéressant est important : Qui a besoin en priorité de ce contenu ? Le contenu est-il indispensable pour les profils pressentis ? Le contenu peut-il être vu par tous ?

.../...

…/…

Quel est l'objectif de mon contenu ? Est-il informatif ? utile ?

Les documents destinés aux rédacteurs et contributeurs sont-ils écrits à la manière de la marque ?

Véhiculent-ils la posture de la marque ? son identité ? ses préconisations ?

En second lieu

Est-ce que je diffuse des informations utiles ? Spécialisées ? Inventives ?

Quelle est la tonalité de ma démarche ?

Est ce que j'interpelle mon interlocuteur ?

Est-ce que je mets en scène mes contenus ?

Est-ce que je les mets en récit ?

Est-ce que je suggère une co-création avec l'intranaute ?

Les dépêches réservées aux abonnés intranet SNCF

Frédéric Cuvillier présente sa réforme

« À l'occasion d'une conférence de presse, le 30 octobre, Frédéric Cuvillier, ministre des Transports, a présenté les grandes lignes de sa réforme pour le système ferroviaire.

L'axe "qualité de service et missions de service public", avec l'unification des fonctions de gestionnaire d'infrastructure dans une entité unique …

L'axe "redressement économique"…

Écoutez ici la réaction de Guillaume Pepy (Interview diffusée sur France Inter le 31 octobre 2012)

Découvrez ci-contre, les ITW de Jacques Damas (directeur général délégué SNCF EPIC) ainsi que les réactions d'agents présents lors de la présentation de la réforme par le ministre à l'occasion des 75 ans de SNCF.

Sur le côté : EN SAVOIR PLUS

Dossier de presse : La réforme du système ferroviaire (Télécharger)

Discours de Frédéric Cuvillier : Conférence de presse sur la réforme ferroviaire (Visionner)

Réactions à l'annonce de la réforme ferroviaire (Visionner)

Interview vidéo de François Nogué (directeur général délégué Cohésion et ressources humaines) »

Nos commentaires

Le fond : on remarque que le texte n'est pas adapté au format Web, il gagnerait à être plus vivant.

La forme : la présentation de la dépêche est claire et précise – les axes correspondent aux enjeux de l'information. Les paragraphes restent courts. Les informations importantes sont grisées pour faciliter la lecture de l'intranaute. Les liens utilisés sont à la fois informatifs et pédagogiques. L'encadré « En Savoir plus » relaie les liens annoncés dans l'article et permet, si on le souhaite, une lecture approfondie. À l'intranaute est offerte la possibilité de laisser un commentaire ou d'échanger. Enfin, les hypertextes sont correctement utilisés : le site est ergonomique.

La qualité de l'intranet tient à l'organisation des contenus sur le site. Il est impératif de définir des procédures, des règles de publications et leur renouvellement. L'animation et l'actualisation d'un site intranet exigent des compétences éditoriales. Elles demandent de déterminer le type d'informations à publier et d'édicter des règles spécifiques. Il est fondamental de définir les rôles et responsabilités de tous les acteurs participant à la gestion du site, ainsi que les règles de publication et de rappeler l'application de la charte sémantique© qui veille à la cohérence de la langue et des messages.

Les écrits storytelling

« La phrase éternelle…
Il était une fois »

Jeanne Bordeau

Contexte

À l'heure du développement de la langue numérique, contenu de marque et storytelling sont devenus deux mots clés dans l'univers des messages de l'entreprise. Du fait de la veille marketing, les marques et les entreprises se copient et se répètent dans leur manière de s'exprimer. Par leurs valeurs, elles continuent de se ressembler.

Dans ce contexte, il est difficile d'être rare, caractérisé, d'adopter un langage original qui exprime une spécificité. La langue apparaît souvent comme aseptisée, stéréotypée, sans personnalité alors qu'il lui faudrait justement être le vecteur d'émotion, d'empathie et d'audace créative.

Pour échapper à la « pensée prototypisée », à cette langue formatée, le storytelling peut permettre à l'entreprise, à la marque, de révéler une part de son âme. Le storytelling est défini par la Délégation générale à la langue française et aux langues de France (DGLFLF) comme une « mise en récit ». Ce mode d'expression à la mode est souvent dénaturé quand il est présenté comme un simple exercice de rhétorique astucieux à coups de petites phrases. Le vrai storytelling est un récit authentique qui libère les entreprises pour qu'elles admettent qu'enfin elles devraient prendre le temps de parler juste, d'expliquer, de transmettre, de séduire… sans mentir. Le storytelling transfigure mais ne dénature pas.

Il ne faut pas le confondre avec le contenu de marque dont l'objectif est d'informer, de séduire et de vendre et qui se déploie dans divers registres de discours : pédagogique, serviciel, ludique et sensible.

Le storytelling a pour objectif l'ordonnancement, le partage, la transmission et l'écoute puisqu'il provient d'une parole authentique et éprouvée, soit du collaborateur, soit du client.

Objectifs

Un écrit de storytelling est un outil d'expression fondé sur les témoignages ou (et) relié au discours de l'entreprise et de la marque. Cette mise en récit permet de créer un sentiment d'appartenance et de reconnaissance, tant de la part des collaborateurs que des clients. Le récit peut être utilisé lorsque l'entreprise arrive à un tournant de son développement : il fédère alors les équipes et leur rappelle le mythe fondateur.

Dans des cas de fusions-acquisitions, il aide à faire parler les collaborateurs de cultures différentes pour mettre en récit leurs expériences et créer un mythe commun à partir de deux mythes anciens.

Enfin, en situation de crise, il permet aux collaborateurs de faire bloc en les reliant à une « légende ». En rappelant l'importance de l'émotion, il est aussi une mise en pratique concrète des valeurs fondamentales de toute entreprise : du partage à l'écoute, de l'authenticité à l'ordonnancement qu'il provoque.

Il réveille le mythe de l'entreprise. Une entreprise se démarque par l'originalité et la rareté de son histoire, la force de sa culture, la pertinence de ses valeurs, la qualité de ses hommes, l'acuité de ses savoir-faire et la cohérence d'un discours capable de mettre en scène tous ses atouts. Le storytelling peut déployer ce discours.

Cependant, il peut arriver qu'avec le temps les valeurs fondamentales se diluent dans une communication abondante et confuse. Il faut pouvoir recadrer les différents discours de l'entreprise. Et si la mise en récit réapparaît, c'est qu'elle crée justement cette cohérence. Le storytelling crée et porte un fil conducteur narratif, au-delà de la diversité des interventions des porte-parole. La mise en récit génère une homogénéité.

Mêlant le rationnel et le sensible, le storytelling parle des hommes et des femmes de l'entreprise, de leur mémoire et de leurs envies au futur, de la vie institutionnelle de cette entreprise, donc de son identité. Il peut aussi être fondé sur les témoignages des clients.

Le storytelling peut apparaître dans le contenu de marque ; mais il applique alors les techniques et méthodes de l'art du récit sans en posséder la vérité, le supplément d'âme car alors il est juste fabriqué pour vendre. Il ne possède aucun aspect maïeutique. Il devient juste du contenu de marque créatif.

Mais si la mise en récit trouve sa source, pour se construire, au sein d'un mythe fondateur, pour autant, elle n'invente pas ce mythe de toutes pièces. Ce mythe, soit il existe, soit il est réveillé par la « maïeutique » nécessaire à la « mise en récit ». La part sensible de la mémoire collective des hommes de l'entreprise, celle qui parlera alors aux nouveaux collaborateurs, aux clients, et au final à tous les acteurs en contact avec cette entreprise, s'anime, se réanime et vient exprimer ce supplément d'âme dont le monde moderne a besoin.

Cibles

Objectif du storytelling	Public
Bâtir une culture d'entreprise	Les collaborateurs
Partager et éprouver la culture d'entreprise	Les collaborateurs, les clients, les partenaires (distributeurs, fournisseurs, *co-branding*)
Parler au cœur et à la tête	Les collaborateurs, les clients, les partenaires
Ordonnancement de la communication	Les partenaires, les clients
Co-écriture, co-création	Les collaborateurs, les clients
Réconcilier l'entreprise et la marque	L'entreprise elle-même avec sa culture
Construire son identité plutôt que la laisser imposer par l'autre	Les clients, les prospects potentiels, les concurrents, les partenaires

© Institut de la qualité de l'expression

Outils

Des ateliers d'écoute et de prise de parole peuvent être organisés pour recueillir les témoignages, les expériences, les anecdotes, les épreuves et les exploits du quotidien. Ils peuvent être mis en place par le département des ressources humaines, celui de la communication ou du marketing, voire de la RSE. La retranscription peut alors se déployer sur divers supports et lors d'événements :

- les documents créés par l'entreprise : par exemple les livrets d'accueil, les plaquettes de présentation, les journaux d'entreprise…
- les manifestations d'événements : les visites d'entreprise, les journées portes ouvertes, les colloques, les expositions, les repas d'affaires, les foires et salons…
- les relations avec les médias peuvent elles aussi être le vecteur du mythe de l'entreprise.

Mais le storytelling se fonde surtout sur les témoignages des collaborateurs et des clients.

Il faut préciser une donnée fondamentale : le numérique qui modifie le storytelling en storytelling 2.0. Cela oblige la marque à se mettre à l'écoute de son internaute, sans se laisser pour autant imposer son identité par lui. Le Net ne modifie en rien le postulat qui veut que toute mise en récit doive être authentique. Communication interne et communication externe ne font plus qu'une. « Et cette co-écriture avec les clients et les collaborateurs fait entrer l'entreprise dans une histoire à la Shéhérazade[1] ».

1. Jeanne Bordeau, *Storytelling et Contenu de marque, la puissance de l'écrit à l'ère numérique* Ellipses, 2012.

Message

Le storytelling apporte une cohérence et une continuité au simple contenu de marque parce qu'il fédère les collaborateurs et renforce l'identité de l'entreprise en lui donnant une dimension authentique. Il installe une atmosphère sensible et crée une complicité entre les collaborateurs et les clients. Alors qu'Internet avait brouillé les frontières entre communication interne et externe, le storytelling peut réussir à les relier et à créer un ordonnancement.. C'est fondamental pour l'entreprise de ne pas laisser à d'autres la possibilité de raconter son identité.

Méthode

Qu'est-ce que c'est ?

Répétons-le en résumant : un écrit de storytelling est un discours authentique construit à partir du recueil des témoignages, des expériences, des épreuves et des exploits du quotidien des collaborateurs de l'entreprise. Il s'organise autour du mythe fondateur de l'entreprise et le met en récit pour qu'il puisse être ré-exacerbé. Il permet une connaissance et une reconnaissance mutuelle de tous les métiers de l'entreprise et véhicule l'identité et les valeurs portées par les collaborateurs. Mêlant les dimensions rationnelle et émotionnelle, il permet de toucher la tête et le cœur de différents publics (les collaborateurs, les clients, les partenaires) en leur faisant connaître l'entreprise de l'intérieur. Il est écrit avec les mots des collaborateurs. Il peut être co-écrit avec les clients.

Comment le rédiger ?

Le succès du storytelling est dû :

- au fait qu'il rompt avec la répétition, la sécheresse, la monotonie, de l'écriture PowerPoint ;
- au fait qu'il construit un discours qui implique les publics. Le storytelling réintroduit une qualité d'écriture et de narration au sein de l'entreprise.

Il semble en effet primordial de recréer un style, une éloquence qui rappelle que « l'art et la manière » de dire et d'écrire contribuent à la compréhension du propos. Par le storytelling, le fond et la forme sont à jamais mariés.

En management et en économie, le storytelling exige aussi la qualité. Celle-ci passe par le recours à l'indispensable :

- d'une écriture construite et inspirée ;
- d'apports de métaphores et d'exemples qui puissent donner l'envie à des publics démotivés d'appartenir à une communauté, de construire une légende ;
- de registres de discours variés exprimés par des champs d'expression allant du témoignage à la parole d'autorité en passant par l'analyse.

Construire un récit qui se tient et atteint son objectif est un défi complexe. Depuis des siècles, le récit est l'objet d'études et de travaux approfondis. Les histoires sont vecteurs de sens.

Les mythes dans l'histoire de l'humanité n'ont pas qu'un rôle identitaire. Ils servent aussi à assurer la cohérence. Jean Anouilh disait : « La fiction donne sa forme à la vie. » L'histoire est structurée par des éléments logiques : elle enchaîne les événements dans des relations de causes à effets. Elle transporte des stéréotypes qui sont des points communs de référence pour des populations disparates. Et cette volonté de mise en commun relève de la fonction première de la communication.

Ces règles de dramaturgie étaient déjà connues des Grecs. Aristote avait analysé et proposé une théorie sur la construction du récit, théorie toujours d'actualité : il identifiait les étapes incontournables du récit. Si l'on reprend les conseils d'Aristote et qu'on les applique à l'histoire du Roi Lion, on identifie la structure suivante :

- le dispositif initial qui plante contexte, décor et personnages ;
- le début de l'action ;
- la montée de l'action et la venue d'un événement insolite ;
- le retournement de la situation : le héros est touché par le destin (exemple : à la suite du meurtre de son père, Simba, accusé à tort par son oncle Scar, part en exil) ;
- la reconnaissance : le sauveur (Simba revient et se bat contre Scar) ;
- le point culminant : le vainqueur est accueilli par la communauté qui reconnaît le héros (Simba devient roi de la jungle) ;
- la « chute » (le final) de l'action.

Le linguiste russe Vladimir Propp a également marqué l'histoire de la linguistique en 1928 par son ouvrage *Morphologie du conte* en déterminant une typologie des structures narratives à partir de l'étude de plus d'un millier de contes. Sa théorie s'applique de la même manière à toutes les fictions narratives.

La linguistique structurale des années 1960, dans le prolongement des maîtres grecs, s'est aussi intéressée à la structure du récit, identifiant un schéma narratif :

- situation initiale,
- élément déclencheur,
- péripéties,

• élément de résolution,
• situation finale.

Écrire une histoire consiste à suivre des lois simples qui existent depuis la nuit des temps. Comprendre et savoir interpréter les fondamentaux participe de la composition d'une grande histoire qui fonctionne et qui touche.

Le storytelling, on l'a dit, fait circuler des récits d'expérience. Il permet de parler non plus sous l'angle de la hiérarchie et de l'autorité, mais sous celui du partage et de l'écoute : parce qu'une histoire est ressentie comme un espace de pause, de pensées intérieures et de pensées profondes enfin racontées.

La mise en récit fait disparaître les concepts abstraits au profit de la venue du sens qui provoque la parole, même si au départ elle est en fragments. Elle est concrète, elle est évocatrice et crée son « fil d'or ».

Les instructions ou les données du discours classique (prononcé d'un ton sec) cèdent la place au sensible et à l'inspiration, à une forme de justesse, de vérité.

En effet, si l'on met en regard le discours classique et le discours storytelling, on constate que le discours classique, rationnel et technique, est fondé sur une trilogie qui consiste à repérer le débat tel qu'il se pose, à analyser les questions posées, à offrir une solution rationnelle, froide, parfois même abstraite.

Désormais le public a mûri, il veut ressentir la parole qui devrait être davantage en lien avec sa propre émotion.

Le storytelling est lui aussi fondé sur une trilogie mais dont les caractéristiques posent de nouvelles fondations. Il est en effet créé en vue de : capter l'attention par une histoire, susciter le désir de changement et de mouvement grâce à une histoire reliée par des moments de vérité, des morceaux de mémoire, des phrases légendaires, et argumenter avec des anecdotes choisies qui entraînent vers un but, une fin et qui « ré-importent » des éléments rationnels.

Tout au long du récit, la qualité de l'écrit apporte de l'émotion.

Le storytelling est efficace parce qu'il s'adresse à la tête et au cœur. S'il est touché, le public accepte de se laisser emporter et abandonne toute réticence.

En résumé

Le storytelling crée une visée, un ordonnancement

Le storytelling provoque l'attention

Le storytelling est authentique quand il provient des paroles, des témoignages, du vécu des salariés ou/et des consommateurs

Le storyteling est fondé sur le partage et l'écoute

Le storytelling identifie un héros

Le storytelling fait référence à des stéréotypes qui rassurent et facilitent la compréhension

Le storytelling installe une atmosphère sensible, crée de l'émotion

Le storytelling entraîne durée et fidélité

Le storytelling, toujours relié à un zeste de légende, transfigure et ne défigure pas

Bien écrire dans un cadre professionnel, c'est écrire pour être lu et compris. Comment ? En sachant auto-évaluer les écrits de son entreprise pour en mesurer les pistes de progrès. Avec un point clé : distinguer le fond de la forme, ce qui relève du quoi et du comment, de l'argumentation et du style. Ces tests sont donnés à titre indicatif, ils doivent être adaptés en fonction du type d'écrit et des attentes stratégiques.

Sur le fond

Les questions à se poser sont :

- quel est le message principal, quel est le but de l'écrit publié ?
- quels sont les thèmes qui l'illustrent ?
- tous les éléments à disposition sont-ils absolument nécessaires, non de son propre point de vue mais de celui qui lit le texte ?
- comment ordonner les arguments selon le but fixé ?
- quels sont les mots de liaisons et les connecteurs ?

Sur la forme

Les questions à se poser sont :

- les transitions sont-elles explicites ?
- quelle est la longueur des paragraphes (pas plus de 15 lignes) ?
- quelle est la longueur des phrases (en moyenne une vingtaine de mots) ?
- les verbes sont-ils les « acteurs » de la phrase ?
- le registre de la langue est-il adapté à celui du destinataire de l'écrit ?

Sur le texte

Identifier les mots clés.

Analyser les verbes les plus fréquents.

Mesurer et qualifier le nombre d'adjectifs (objectifs/subjectifs par exemple).

Repérer la présence ou l'absence de figures de style comme les images, les métaphores ou les comparaisons qui apportent du sensible au discours.

Sur la scénarisation du texte et son parcours de lecture

Les paragraphes ne sont-ils pas trop longs ?

Des images sont-elles présentes et écrites ?

Comment le lecteur peut-il naviguer dans le texte ? Présence ou non de titres, d'intertitres, de citations hors texte, d'un chapô introductif ?

Paroles d'experts
Olivier Clodong et Georges Chetochine, auteurs de *Le Storytelling en action*[1]

Une histoire de mots

Les mots à choisir pour un storytelling doivent avoir une résonance sensorielle et expérientielle pour le public qui les entend. Plus les mots sont rattachés au vécu de l'auditoire, plus le storytelling lui « parle ».

La psychologue Françoise Kourilsky-Belliard distingue trois grandes catégories de mots :

- les mots visuels sont plus efficaces auprès des personnes plus réceptives au langage de l'image : éclairer, à première vue, coup d'œil, spectacle, écran, rayonnant, illustration, objectif, dépeindre...
- les mots auditifs sont plus efficaces auprès des personnes réceptives au langage des sons : tendre l'oreille, résonance, suggérer, faire écho, être au diapason, écouter, proclamer, déclic, harmonie, accord, donner le ton, rumeur...
- les mots kinesthésiques sont plus efficaces auprès des personnes qui sont réceptives au langage des sensations : être en contact, prendre à cœur, main dans la main, sentir, énergique, confortable, léger, relaxer, en avoir plein le dos, tâtonner, concret, ça sent le roussi...

C'est seulement parce qu'ils sont porteurs d'émotions, qu'ils font appel à l'épopée, à la surprise, etc., que les récits peuvent être des moteurs.

Les auteurs soulignent : « Une histoire est douée d'un pouvoir magique qui provoque toujours une réaction. Cette réaction sera l'enthousiasme et la motivation si le récit est bon et si le vocabulaire employé est à même de toucher l'imaginaire de l'auditoire. »

1. Georges Chetochine, Olivier Clogong, *Le storytelling en action, Comment transformer un politique, un cadre d'entreprise ou un baril de lessive en héros de saga*, Éditions d'Organisation, Eyrolles, 2009.

L'atelier de storytelling

Il a été réalisé lors d'un de mes cours à la Sorbonne Paris V avec les étudiants du Master Sémiologie, Paris Descartes. Il leur a été demandé de composer de petites histoires « storytellisées » autour du groupe Oxylane. Il s'agissait de développer un univers sensible autour de ces marques.

Le groupe Oxylane est à la fois un créateur de produits de sport et de marques et un commerçant local et en ligne. « Créer l'envie et rendre accessibles au plus grand nombre le plaisir et les bienfaits du sport », telle est l'ambition du groupe qui s'appuie sur quatre valeurs pour y parvenir : vitalité, sincérité, responsabilité et générosité. Il réunit des marques aux ADN très différents, comme Kalenji, Domyos, Kipsta, Newfeel, Inesis et Orao, qui sont récentes, mais aussi une enseigne lilloise très ancienne, Décathlon, fondée par Michel Leclercq dans les années 1970.

Quels sont les arguments et les mots clés de la marque Kalenji ? C'est une marque qui associe passion et plaisir avec une volonté de partager avec tous cette passion et ce plaisir de la course à pied, de la rendre accessible à tous : « *Find your rythm, enjoy your run* ». Elle est composée d'une équipe de pratiquants, de professionnels de la course et elle énonce les valeurs suivantes : respect, audace, complicité, épanouissement

Le récit doit pouvoir mettre en scène l'identité : qui sommes-nous ? mettre en perspective le sport concerné et s'incarner à travers un sportif de référence, mettre en valeur les produits de la marque.

« A 14h25, la course débute. Il pleut. L'essentiel, avoir le bon équipement. Penser au-delà de la météo, persévérer. Les gouttes rythment mes pas. La nature se dévoile. Chaque paysage me propulse. Le plaisir naît. Le groupe se forme. Mon instinct se révèle. Je sais qui je suis.

Puis je l'ai vu. Il possédait une aura particulière. Il n'était pas comme les autres, et c'est cette différence qui faisait toute sa force. Il apparaissait sain, musclé, comme sculpté dans la terre, mais vivant aussi, absolument vivant.

Il souriait, je l'ai suivi. Puis je me suis mise, rassurée, sereine, à courir derrière lui à un rythme régulier.

Nous sommes devenus amis, ce fut là notre première rencontre silencieuse ; d'emblée, s'était installée une discrète harmonie. Il ne s'agissait pas d'un coup de foudre mais d'une complicité. Nous sommes restés fascinés tous les deux par le dépassement et l'état d'esprit Kalenji qui nous animait et nous a fait nous connaître. Ce mot est resté un nom de code entre nous[1]. »

Nos commentaires

Il s'agit de transmettre dans ce récit un esprit sportif et des valeurs.

Enjeu : mettre en scène les valeurs, principes, notions référentes en équilibrant la présentation de toutes les forces du produit, mettre en avant les collaborateurs pour mieux comprendre la diversité et la richesse des offres du groupe.

Méthode : créer des récits autour de la marque et de l'entreprise à travers les histoires, les actes vécus et les actions menées, créer un univers de métaphores, d'analogies, d'illustrations et d'exemples dans lequel le public peut puiser la compréhension et la variété de toutes les offres selon ses besoins et ses référents implicites. Créer enfin un univers sensible élaboré grâce à la diversité des images et des expressions retrouvées et enrichies. Le premier postulat est bien sûr de rester dans l'esprit de la marque, ses leitmotive, ses traits de caractère.

Le storytelling consiste à renforcer le travail d'experts avec des arguments emplis de rationalité ; il fallait en effet toucher juste en trouvant des connivences et des phrases imagées qui parlent

1. Texte non définitif et introduit dans ce livre à l'état d'essai.

à une diversité de publics. Rappeler en fait, aux yeux du public, la force de frappe globale du groupe.

Le fond : les phrases nominales permettent de faire ressortir le sens des mots. Les verbes d'action réussissent à scander le propos et contribuent à mettre en scène les personnages. L'utilisation du présent de l'indicatif permet d'entrer dans le présent du lecteur : il a ainsi le sentiment que l'action se déroule sous ses yeux. Enfin, le jeu sur les allitérations et les assonances permet de mémoriser le propos, il contribue à lui donner valeur de récit.

La forme : c'est un récit bref, qui manie avec élégance, ellipse et concision. Les phrases courtes sont nécessaires pour entrer dans le récit. Un incipit avec peu de description est important pour entrer tout de suite dans le vif du sujet. La présence du narrateur est implicite entre deux pas : « Les gouttes rythment mes pas. La nature se dévoile. Chaque paysage me propulse. »

Ce paragraphe pourrait être comparé à une phrase composée d'une longue protase et d'une très courte apodose qui crée un effet de chute et de surprise, techniques fondatrices du récit, et met en valeur Kalenji.

Le texte montre la vie comme dans un film : « La fiction donne sa forme à la vie. »

Attention, les verbes d'état ralentissent ou alourdissent la lecture et l'utilisation de verbes intransitifs alourdit le propos : « Chaque paysage me propulse », « Mon instinct se révèle » : l'effet de rythme recherché peine à fonctionner.

Sur la forme, le narrateur apparaît tardivement dans le déterminant possessif « mes pas » et l'expression générale pourrait être renforcée par quelques figures de style.

Une histoire de témoignage(s)

« Chaque marque se cherche une histoire pour s'inventer une vie. Son produit, son héros, son fondateur, son créateur, puis un destin et la voilà porteuse d'un rêve ou de valeurs prêtes à conquérir le monde[1]. »

Storytelling de Midi-Luce, une entreprise fictive

Au siège social de la société Midi-Luce, une entreprise d'autocars implantée depuis près d'un siècle dans la région Pyrénées-Atlantique. Son rayon d'action s'étend sur le sud-ouest de la France et sur la péninsule Ibérique. La scène se passe à Pau.

Une étudiante en stage au secrétariat de la DRH, qui rêve de conduire des passagers un jour, se souvient :

– Un jour de février, le 15, je me souviens très bien de la date parce que c'est le jour de mon anniversaire, il faisait un froid glacial, le même que le jour de ma naissance, paraît-il, j'ai vu débarquer un homme, jeune, assez grand et enveloppé dans un gros blouson du genre blouson d'aviateur… Peu s'en est fallu que je ne lui dise : « Désolée, Monsieur, ce ne sont pas les vestiaires du Stade Toulousain ici. » Mais je n'ai pas osé… Pourtant, il avait un physique de deuxième ligne.

Cet homme, c'est Aurélien. Il est chauffeur pour la société Midi-Luce. Le terme technique, c'est agent d'exploitation, mais lui, il préfère dire chauffeur. Aujourd'hui, il vient passer sa visite médicale annuelle. Simple routine mais hors de question de ne pas la passer : la sécurité des voyageurs en dépend.

Il est assis dans la salle d'attente. Et comme l'attente se prolonge, il prend sur la table basse le journal de la société. C'est encore tout nouveau : à ce jour, une dizaine de numéros seulement sont sortis mais tout le monde en parle pourtant.

Des infos, des projets qui se montent et la société qui grandit, l'interview d'un collègue. Entre autres. Il s'appuie sur le dossier bas de la chauffeuse et peu à peu, les yeux dans le vague, il devient songeur. Ça fait déjà quatre années qu'il fait ce métier. Comme le temps passe. Pas le temps de s'ennuyer ! Et il partage avec ses collègues hommes et femmes les mêmes valeurs humaines. Il peut dire qu'il en a déjà fait, des kilomètres.

1. F. Meuleman, *Storytelling, on va tout vous raconter*, Édipro, 2009.

Les longs trajets : c'est ce qu'Aurélien préfère. Et lors de ces grands déplacements, il fait équipe avec Vincent. Ils s'entendent bien tous les deux. Ils partagent tous les deux une même passion : le rugby. Même si Vincent est un supporter de Clermont et non pas de Pau. « Personne n'est parfait », plaisante Aurélien. Ses déplacements se cantonnent en principe à la France. Pourtant, récemment, il a eu l'opportunité d'emmener un groupe de touristes en Espagne. Pas n'importe lesquels. Il s'agissait d'une vingtaine de commerciaux qui avaient gagné un concours organisé en interne par une très grande agence immobilière européenne. Tous partaient avec femme et enfants. Il y avait eu de l'animation sur la route pour Bilbao, leur destination finale.

Heureusement qu'il avait révisé son espagnol avant de partir. Ses années de lycée étaient bien trop loin. Il se souvient d'une anecdote qui avait mis ses connaissances linguistiques à rude épreuve. Après quatre heures de conduite en continu, Aurélien avait fait une pause. La législation impose de s'arrêter après 4h30 de route en continu. La direction de Midi-Luce est encore plus exigeante. Après 4 heures de route : pause obligatoire.

Quelques rafraîchissements et une petite collation plus tard sur une aire de repos, le car était reparti.

– Maman, ma poupée ! Elle est plus là !

Un coup d'œil dans le rétroviseur et un regard à Vincent : un vrai drame pour cette petite fille qui avait oublié sa poupée sur l'aire de repos juste après le passage de la frontière.

Vincent, l'autre chauffeur, passe quelques coups de téléphone à des collègues espagnols. Il hésite sur le mot poupée. Aurélien lui souffle : « Mu-ñe-ca ».

Il raccroche et, un large sourire aux lèvres, Vincent se dirige vers la petite fille et ses parents :

– Ta poupée est sauvée. Tu la retrouveras en arrivant à l'hôtel. Elle arrivera aussi en car. Tout va bien. Tu peux sécher tes larmes, tu vois.

– C'est vraiment très gentil de vous en être occupé avec votre collègue. Un grand merci à vous deux.

Les rires des petits et des grands fusent de nouveau dans le car.

La route est encore longue jusqu'à Séville. Bientôt, Vincent prendra le relais.

Aurélien est content. Il aime son travail, mais quand, en plus, il peut faire en sorte qu'une petite fille retrouve sa poupée, c'est un petit bonheur dont il ne voudrait pas se priver.

C'est aussi pour cette raison qu'il se sent bien dans cette entreprise. Il en partage les valeurs fondamentales : une société au service de ses voyageurs, de tous ses voyageurs.

Aurélien se redresse sur son siège, un peu comme s'il bombait le torse, content. La porte en face de lui s'ouvre, il se lève. Un docteur l'invite à passer dans son cabinet.

En suivant du regard ce chevalier des temps modernes, la jeune stagiaire se dit qu'elle a peut-être trouvé sa voie : chauffeur de car. Pourquoi pas après tout ? Affaire à suivre.

Aurélien, chauffeur

Nos commentaires

Dans ce cas pratique, les commentaires fond et forme sont mêlés.

La contextualisation, même succincte, est indispensable pour toute mise en récit. Toutefois, elle peut être sortie du texte pour permettre au lecteur de se concentrer d'emblée sur les propos du narrateur.

La première phrase d'une mise en récit est déterminante parce qu'elle doit attirer et retenir l'attention du lecteur. L'action doit être privilégiée.

Les guillemets créent l'illusion de l'authenticité du récit.

Une anecdote, insérée dans le récit, donne une dimension de profondeur et de vérité aux propos du personnage. Les descriptions sont possibles à condition de servir le récit.

Faire des paragraphes aide à structurer le récit. Alterner les phrases verbales et les phrases nominales permet des ruptures de rythme au même titre que des phrases longues et courtes. De ce fait, la forme n'est jamais monotone.

Rappeler les valeurs de la société humanise et illustre la considération pour les clients (la sécurité, à titre d'exemple). Évoquer le journal de la société apporte du liant parce que chacun peut se projeter dans les informations qui y sont données : c'est une façon pour le narrateur de faire vivre la société autrement que sur le strict plan professionnel : le transport des clients.

Varier les registres de langue en les adaptant au personnage mis en scène amène de la véracité et de la crédibilité dans ses propos : on a le sentiment que c'est bien le personnage qui parle – ou qui retranscrit ses pensées – et on oublie le narrateur qui s'efface implicitement pour lui donner vie. Les anecdotes parsèment le récit, donnant un autre type de rythme.

Le retour sur le cœur de métier permet de rebondir sur la trame narrative initiale : les différentes prestations offertes par la société – le texte déploie le savoir-faire de l'entreprise, un exemple de clients à avoir fait appel à l'entreprise.

La touche d'humour a pour visée d'explorer d'autres dimensions narratives. Tout raconter sans rien omettre ralentit le récit. Les ellipses narratives sont les bienvenues. Il aurait été superflu de préciser le lieu de rendez-vous pour les gagnants du concours, l'accueil, le fait que les passagers montent dans le car, par exemple. Imaginer des souvenirs permet d'inventer un passé au personnage et donc de lui donner davantage de poids.

Nourrir le récit de détails techniques sur le métier mis en scène crée un équilibre entre les données rationnelles et émotionnelles.

Il est important de bien prendre en compte le personnage pour que ses paroles correspondent avec ce qu'il pourrait dire dans la « vraie vie ». Des phrases très courtes qui se centrent sur le sujet principal mettent en relief la préoccupation de l'un des personnages : l'émotion est perceptible. Le dialogue donne l'illusion que la scène se passe sous les yeux du lecteur. C'est une autre façon de présenter la réalité. Après ce récit dans le récit, le narrateur reprend sa narration. Les valeurs de l'entreprise sont présentées et enrichissent l'intérêt de la mise en récit. En toute fin du récit, elles permettent d'insister sur leur pertinence. La conclusion du récit est enchâssée dans celui-ci.

Le retour à la réalité s'annonce avec un rappel de la situation initiale. Le récit se termine sur une ouverture. Le récit est clos, mais il peut rebondir.

Lindt : le chocolat qui sait se raconter

Le chocolatier Lindt fournit l'excellent exemple d'une marque ancienne qui vivifie son mythe à l'heure du numérique. Déployant toutes les formes de contenus de marque, Lindt tisse aussi un storytelling Web 2.0 sur Facebook, et mobilise la communication narrative au contact de son public. Depuis sa création en 1845, le chocolatier suisse mêle, outre la pâte de chocolat, plusieurs valeurs-clés : la créativité, l'excellence, la tradition, l'humanisme et, bien sûr, l'helvétisme. Avec les réseaux sociaux, la marque aurait pu prendre un « coup de vieux » ; elle a pris un coup de jeune. Lindt multiplie tous les types de contenus de marque et se « storytellise » sur Facebook. Ainsi, la page Facebook mondiale du groupe rassemble plus d'un million de personnes. Celle de Lindt Chocolats France en compte près de 142 000. Rien qu'aux États-Unis, Facebook Lindt Chocolate USA compte plus d'un million de fans. Entre les mains de Lindt, Facebook devient d'abord un outil de contenu de marque : on y trouve de l'information, de la pédagogie, du ludique et de la création narrative.

Nos commentaires

Le fond : la marque tisse ainsi un récit autour de ses produits, depuis sa création en 1845. C'est l'occasion pour l'entreprise de montrer ses archives : toute l'histoire de la marque est racontée et illustrée. Les fans peuvent passer en revue les premières étiquettes des plaquettes de chocolat, les photos d'époque des usines et celles du fondateur…

La marque s'engage ainsi dans une communication narrative, posant à ses fans des questions, les poussant à se raconter, en rebondissant au besoin sur l'actualité. Elle rejoint son public dans son intimité. Par exemple, le 13 novembre 2012, Lindt déclare : « *Aujourd'hui c'est la journée de la gentillesse : offrez votre plus beau sourire !* »

La marque introduit dans cette communication narrative des arguments de communauté : « {citation chocolatée} *Un jour sans chocolat Lindt c'est comme un jour sans soleil… Et pour vous, un jour sans chocolat Lindt c'est comme _______.* » Ces questions permettent également à la marque de recueillir un *feed back* précieux pour l'élaboration de ses produits : « *Faites appel à toute votre créativité ! Quelle serait votre tablette idéale ?* »

Chez Lindt, un fil d'or relie les contenus de marque, l'axe conversationnel et le storytelling : c'est la sémantique de la marque. Elle est empreinte de délicatesse et de complicité. Celle-ci a pour ciment le péché mignon de la gourmandise. Enrichissant son lexique, Lindt parle du chocolat comme on parle d'une œuvre d'art : il utilise les mots « *collection* », « *voyage sensoriel* », « *subtilités* »… Ce style est travaillé. Il suggère le goût par les mots. Il entre en résonance avec l'image de la marque et de son produit phare : le chocolat est un produit de bien-être et non de nécessité. La langue choisie par Lindt donne beaucoup de sel à la gourmandise.

La forme : tous les contenus de marque sont déployés. Lindt est dans l'information et le serviciel, quand il présente ses nouveaux produits et leurs nouveaux parfums, et donne des idées de recettes, dans le ludique lorsqu'il organise des jeux-concours avec des chocolats à gagner et dans le pédagogique, lorsqu'il appelle à suivre les « *Conseils de nos maîtres chocolatiers* ». Enfin, Lindt se déploie aussi sur le terrain du contenu créatif, en mettant en scène sa propre histoire. Mais Lindt va au-delà de ce contenu créatif et entre de plain-pied dans le storytelling, en mettant en scène ses collaborateurs actuels. Elle les mobilise au contact de son public : « *Du croustillant, des poires savoureuses, du chocolat ultra fondant.... et si vous vous lanciez dans l'inratable recette du crumble aux poires et au chocolat, d'Arnaud, notre Maître Chocolatier Lindt ?* » Ainsi, les chocolatiers de Lindt expliquent dans des vidéos comment réaliser de nombreuses recettes. Citées sur Facebook, ces vidéos sont rassemblées sur le site Web A-cuisiner.lindt.com.

Les écrits de la marque

« Les liens invisibles laissent les marques les plus profondes. »

Isabelle Sorente

Contexte

Dans son acception la plus large, la communication d'entreprise comprend tous les signaux émis par l'entreprise en direction de son environnement. Ces signaux contribuent à forger l'image de l'entreprise, de ses hommes et ses produits : publicité, promotion des ventes, communication institutionnelle (relations publiques, parrainage et mécénat), marketing direct, force de vente.

La communication produit se distingue de la communication de marque même si elles sont intrinsèquement liées.

La première insiste sur les caractéristiques et les performances du produit.

La seconde vise à garantir la qualité d'une gamme de produits de même marque. Elle renforce l'image de la marque.

Les écrits de la marque vivent un tournant à l'ère numérique. Le langage de l'entreprise et de la marque doit désormais donner des preuves et savoir s'adresser à sa cible, à ce qu'elle comprend, à ce qui la touche. Aujourd'hui, les marques ont besoin de se caractériser et de se distinguer sur le Web.

À l'ère de « l'homo numericus », la communication digitale nécessite d'être présente sur tous les fronts. Le langage nourrit en continu un nouveau marketing qui comprend de nombreux registres, dont la conversation. La conversation numérique quasi instantanée avec le consommateur expose l'entreprise au risque de ne plus maîtriser son discours. Apprendre à caractériser ses progrès devient donc déterminant.

Le langage devient le fondement de tout acte de communication explicite et spécifiant comme tout acte fondateur d'une communication porteuse de sens.

Les écrits de la marque créent de la différence, de la spécificité, de la valeur immatérielle, de la préférence et un mode de relation personnalisé avec les consommateurs.

Objectifs

Il s'agit de créer une attitude favorable à l'achat en informant le consommateur et en modifiant la représentation qu'il se fait du produit (image perçue).

Le contenu de marque stimule les ventes (animations, coupons de réduction), il favorise le référencement en agissant sur les distributeurs et crée une attitude favorable à l'égard de l'entreprise et de ses produits.

Un langage serviciel, pédagogique, ludique et créatif[1] se met en place. La marque dialogue. Elle partage et ne se contente plus de communiquer. Sur le Web, le contenu de marque alimente une expérience et nourrit une relation enrichie avec le consom'acteur. Il est pragmatique, concret, utile, varié et fait vendre ; il va parfois jusqu'à séduire au travers d'une histoire.

La multiplicité des messages qui cohabitent doit construire un univers linguistique cohérent. Le contenu de marque doit être porteur d'une signature sémantique© et permettre de diffuser, de manière plus ou moins explicite et à tout moment, l'identité de la marque qu'elle promeut.

1. Ces quatre catégories de registres d'écriture des nouveaux contenus de la marque ont été définis par l'Institut de la qualité de l'expression.

L'Institut de la qualité de l'expression distingue ainsi quatre familles de contenus de marque :

- le contenu de marque serviciel englobe les messages qui contiennent les offres de services, les prestations et les conseils conçus par la marque ;
- le contenu de marque pédagogique est constitué de supports, de didacticiels et d'outils d'apprentissage mis à la disposition des publics de la marque. Ces supports traitent de sujets liés à la marque ;
- le contenu de marque ludique propose des jeux pour distraire ;
- le contenu de marque créatif raconte des histoires sur des thématiques liées à la marque. Il ne doit pas être confondu avec le storytelling. Tous deux racontent des histoires. Mais ce ne sont pas les mêmes. Les mises en récit du contenu de marque créatif peuvent être totalement inventées, ou se nourrir du mythe des fondateurs historiques de la marque. Les mises en récit du storytelling mettent en scène les collaborateurs de l'entreprise, voire ses clients. Elles sont nourries de leurs témoignages véridiques. En résumé, le contenu de marque créatif brode autour de thématiques chères à la marque, tandis que le storytelling, ancré dans le réel, met en lumière ses rouages internes.

Le contenu de marque est une création de messages. Ces messages nourrissent la marque dans ses temps et occasions d'échanges avec ses publics. Ils déploient le mythe d'une marque. Le langage de marque doit être irrigué par la signature sémantique de la marque.

Le contenu de marque : les registres de discours©

Informer
Vendre
Séduire

Démontrer	Renseigner	Divertir	Séduire
Pédagogique	Serviciel	Ludique	Sensible
Autorité Déduction Didactique	**Échange** Informatif Conseil	**Divertissement** Relation Séduction	**Créativité** Analogie Histoire
Total planeteenergies.com	**Évian**	**Oasis**	**Louis Vuitton Bagagerie**

Contenu de marque

© Institut de la qualité de l'expression

Message

À outil nouveau, langage nouveau. Un nouvel écosystème émerge. De nouveaux codes de communication s'installent. Adapter le langage de marque suppose de respecter certains codes fortement liés à la construction d'une histoire rationnelle, sensible et cohérente que les écrits de la marque doivent raconter et irriguer sur tous les supports, à chaque message émis par la marque.

La marque conversationnelle a vu apparaître de nouveaux consommateurs qui recherchent transparence et pédagogie, une information juste mais aussi ludique et créative qui puisse fonder, attirer et faire durer le dialogue avec le consom'acteur.

Au-delà des approches purement marketing nécessaires, une stratégie de langage doit permettre de fonder votre spécificité auprès de vos publics ; elle influe sur le choix et la fidélisation que toute marque recherche. L'écriture numérique suppose que l'entreprise se mue en une Pénélope du Web qui aura à filer en continu, chaque jour, les métaphores, les contenus (en matière de pédagogie, de conseils ou de jeux) et les conversations.

Le langage digital est matriciel. Telle une araignée qui tisse sa toile, l'entreprise qui saura réfléchir à la portée de ses phrases et de ses concepts bien exprimés, à ses slogans, à ses storytellings, à ses webséries et à ses blogs saura étendre son pouvoir à la hauteur de son verbe.

Pour faire face à ces enjeux, j'ai inventé au sein de l'Institut de la qualité de l'expression une méthode particulière sur les écrits de la marque. La spécificité de cette approche repose sur la création d'un langage propre qui caractérise la marque et l'entreprise en prenant en compte, outre les notions essentielles d'efficacité et d'empathie, l'identité sémantique de la marque et de l'entreprise.

La charte sémantique© est au langage de l'entreprise ce que le code de la route est à la conduite : un code commun, qui permet de s'exprimer ou de se déplacer en respectant des principes partagés… mais sans risque d'accident[1].

Le langage de marque s'incarne dans des registres de discours.

Différents registres

Registre serviciel, informatif

Deutsche Bahn : « Voyagez dès 29 € dans toute l'Allemagne ! »

Registre pédagogique

Total : « Partez à la découverte de toutes les sources d'énergies »

…/…

1. Jeanne Bordeau, *Entreprise et marque, Les nouveaux codes de langage*, Edition d'Organisation, 2010

.../...

Registre ludique

Microsoft : « Découvrez le divertissement signé Xbox »

Registre narratif, de la séduction

Bourjois : « Réveillez la Cléopâtre qui est en vous ! »

Le langage de marque ou *brand content* doit tout à la fois déployer des registres divers de contenus, veiller à la cohérence et posséder une signature sémantique. Pour cela, il doit prendre en compte :

- la posture de l'énonciateur ;
- le style de la langue ;
- les valeurs de la marque ou les traits de personnalité de l'entreprise ou de la marque à diffuser.

Une fois que le discours et l'argumentation sont en place pour chaque type de contenu de marque, il faut ensuite leur donner un style qui soit propre à la marque. Ce ton particulier, reconnaissable et essaimé sur tous les contenus de marque, constitue la signature sémantique de la marque. C'est le fil d'or qui relie tous ses discours, sur tous les supports et canaux d'expression.

Nos conseils

Afin de maîtriser le langage de votre marque, il est nécessaire de vous atteler à :

- la qualité de votre langue ;
- l'équilibre des registres de contenus utilisés ;
- la cohérence de l'ensemble.

.../...

.../...

L'efficacité du langage de marque doit aujourd'hui prendre en compte :

- l'identité : concept, valeurs, mots-clés...
- l'ergonomie : site principal et réseaux sociaux, visibilité, accès...
- les contenus de marque : univers, références, jeux en ligne...
- le langage : posture, style, ton = quelles relations ?

Méthode

Le contenu de marque serviciel

Qu'est-ce que c'est ?

Le contenu de marque serviciel déploie un service qui propose une prestation à valeur ajoutée pour le client. Fondé sur l'échange, il procure conseil et écoute.

Comment le rédiger ?

Comment être serviciel ? Savoir incarner le sens du service est fondamental lorsqu'on rédige ou qu'on met en place un contenu de marque serviciel. Les critères d'expression dépendent toujours de la posture et du ton de la marque.

Ainsi, sur le fond, le contenu doit :

- comporter des valeurs de marque claires et assertées ;
- avoir un énoncé clé, qui présente l'offre de manière globale et simplifiée ;
- une posture directe qui va droit au but : savoir exprimer l'attention avec tact et simplicité. Le « nous » et le « vous » instaurent la communauté ;

- savoir donner la parole au client, l'incarner et y répondre : le placer au centre des démarches et des actions. Par exemple : « *Je possède déjà un forfait B&YOU. Que se passe-t-il avec l'arrivée des nouveaux forfaits du 6 novembre ?* » Réponse : « *Rassurez-vous, aucune action de votre part n'est nécessaire pour profiter automatiquement des nouvelles offres lorsque vous possédez déjà un forfait B&YOU. Et surtout, le prix de votre forfait reste inchangé* » ;
- avoir une ponctuation qui interpelle mais qui n'agresse pas.

Les formules classiques sont à éviter. Le ton doit rester connivent.

Employer des verbes et des termes qui relient :

- indiquer → inscrire ;
- proposer → offrir, accompagner ;
- additionnel → en plus ;
- acquitter → régler ;
- règle → comportement, principe, attitude ;
- client → internaute, contributeur ;
- sélectionner → choisir.

Traduire la simplicité et la facilité : « grâce à », « facilement », « automatiquement ».

Des formules simples qui témoignent de l'attention à l'autre, qui savent le valoriser.

Sur la forme :

- les messages vont droit au but, sans détour ;
- aucune censure d'aucun commentaire, veiller à répondre systématiquement ;
- mettre en place une communauté d'internautes qui partagent leurs expériences sur tous les supports ;
- accompagner le client, au-delà de l'information, à toutes les étapes de la relation avec rapidité, réactivité ;

- mettre en scène des situations les plus diverses, y répondre en faisant des liens : sources et services qui y répondent, vidéos, tutoriels, forums, blogs.

Nos conseils

Avant d'écrire, tenez compte des conseils suivants, autant que faire se peut :

- être à l'écoute de l'autre ;
- savoir garder la posture de l'entreprise et de la marque ;
- favoriser une énonciation en « nous » et « vous » ;
- redonner parfois des informations complémentaires ;
- répondre avec les mots de l'internaute ;
- rédiger des réponses courtes ;
- manifester une certaine habileté d'écriture par sa capacité de synthèse et de focus ;
- savoir alterner conviction et persuasion avec des arguments et des images ;
- être juste : donner des informations concrètes, précises, vivantes ;
- toucher par des métaphores, des analogies ;
- marquer le rythme : alterner déclaration, interrogation et exhortation : « *reportez-vous à* » ;
- focaliser son propos sans digresser ;
- favoriser les tutoriels, vidéos ;
- ne pas hésiter à reprendre ultérieurement des infos plus longues et documentées ou à diriger vers d'autres liens.

B&you

Depuis 2011, la marque B&YOU, créée par Bouygues Telecom, cible en priorité les *digital natives*. Marque communautaire, B&YOU initie ainsi une nouvelle conception du service. Elle fédère une plateforme participative de consom'acteurs solidaires. Elle repose sur une grande interactivité : B&YOU est éminemment conversationnelle. Les idées des fans sont soumises au vote de la communauté pour améliorer les offres de la marque (élection du meilleur contributeur). B&YOU se fonde donc sur l'engagement de la clientèle : les internautes en deviennent les ambassadeurs. La marque aborde la notion de service de manière ludique et pédagogique. Elle veille à transmettre ses valeurs d'innovation, de solidarité, de proactivité, de participation et de fidélité. Les contributions de tous fondent une nouvelle conception du service optimisée, participative et co-créative.

Voici un exemple de conversation entre B&YOU et un fan. Postée pour la première fois il y a un an, la suggestion de ce dernier a recueilli de nombreux suffrages, c'est pourquoi, le 25 septembre 2012, elle faisait la « une » du site B&YOU. Elle permet de mesurer le degré d'engagement des fans.

« Mathieu B. *Bonjour, afin de renforcer l'esprit communautaire, B&You pourrait nous proposer un "Fan Kit" qui contiendrait pourquoi pas des logos, des bannières, fonds d'écrans,..., une sorte de "Press Kit" mais version Fans. Cela nous permettrait de pouvoir promouvoir B&You sur nos blogs, forums, sites, etc. Pourquoi ne pas proposer également une sorte de "badge" de signature qui reprendrait le logo B&You, le nom sous lequel nous apparaissons ainsi que le score B&You. D'autres contenus sont à définir mais je pense qu'il y aurait matière à faire des choses sympas dans ce domaine.* »

Réponse de B&YOU Equipe, Sébastien T. « *Hello ! Très bonne idée. On se penche sur le sujet pour créer une page "Goodies" avec plein de bonnes choses à l'intérieur :-) À bientôt !* »

Nos commentaires

Le fond : en ce qui concerne le langage utilisé, on peut remarquer les deux registres de discours : ce que je dis de moi : « *E-conseillers, application* », « *Forums, fan kit, vos idées* » « *Proposer une idée, voter* » et ce qui me rapproche de vous : « *esprit communautaire* », « *Demandes personnelles, sans engagement* », « *Pouvoir, création* », « *Renforcer l'esprit communautaire* ». Le résultat est un discours clair qui associe le rationnel et le sensible de manière efficace parce que la langue incarne et relie une communauté.

Un verbe qui répond mais ne force pas l'engagement : « On se penche ». Le pronom personnel indéfini « on » suppose l'ensemble de la communauté B&You. Des superlatifs : « *super, plein* » sont destinés à marquer une connivence avec l'internaute et renforcer l'impact du propos. La ponctuation sait interpeller : « ! ». Des émoticônes renforcent la vivacité du propos et la connivence avec l'internaute. La formule « *À bientôt* » garde le contact actif et acteur. La langue est unifiée d'un canal à l'autre, elle est directe et percutante. Une langue qui se fonde sur la participation. Le client est au centre de la marque.

Une formule dédiée au service pourrait conclure le message : « *Je reste à votre écoute.* »

La forme : la réponse courte et synthétique est adaptée au format Web. Les valeurs de la marque sont toujours bien représentées et imagées. Les réseaux sociaux deviennent le lieu privilégié de la conversation, mais le site relaie cette dernière et la part consacrée au service.

Le contenu de marque pédagogique

Qu'est-ce que c'est ?

Un contenu de marque pédagogique doit faire comprendre, justifier, convaincre et pour cela savoir s'arrêter pour donner acte à la pensée de l'autre, partir de ce qui semble troubler l'internaute avec logique et démonstration : la *doxa* ; ordonnancer son développement en axes selon une structure logique, rester neutre, suivre un plan précis (introduction, analyse, conclusion).

Comment le rédiger ?

Comment écrire sur un blog ? Le premier à écrire est aussi le premier à être lu. Privilégiez des thèmes actuels et donnez à votre visiteur de blog avide d'informations de quoi satisfaire sa soif de textes. Comme pour les news, c'est l'actualité du sujet qui détermine le placement dans les résultats des moteurs de recherche. Votre texte doit comporter au moins 300 mots pour pouvoir traiter convenablement le sujet et développer ses différents aspects. Il est conseillé de respecter là aussi les règles s'appliquant à un bon texte Web afin que l'article soit agréable à lire. Optimisez votre article pour le Web en mettant des espaces entre les différents paragraphes et en utilisant des mots clés.

Comment être pédagogique ? Pour marquer sa présence, le locuteur dispose de trois options :

- il est présent dans le discours (pronoms personnels et adjectifs possessifs à la première personne « je, nous », « mon, notre », l'impératif à la première personne du pluriel « précisons que ») ;
- il personnalise l'explication et souligne son expertise. Il s'adresse directement au destinataire (pronoms personnels et adjectifs possessifs à la deuxième personne « vous », « votre ») ;

- il implique ainsi le destinataire avec lequel il cherche à établir un rapport étroit. Il est absent, le destinataire aussi : l'explication prend une valeur absolue et universelle.

Ainsi, sur le fond, il convient :

- de ne pas reformuler le problème ;
- d'avoir une syntaxe explicative ;
- de définir les thèmes ;
- de favoriser le présent de vérité générale ;
- d'insérer des arguments et des preuves : chiffres, données chiffrées ;
- d'utiliser des connecteurs logiques ou chronologiques qui démontrent et qui expliquent ;
- de favoriser les comparaisons concrètes, l'énumération, le parallélisme ou l'opposition ;
- de ne pas hésiter à paraphraser entre guillemets ;
- de multiplier les outils de langage et connecteurs : « autrement dit, c'est-à-dire » ;
- d'utiliser des termes techniques, ils désignent spécifiquement leur référence (ils sont à définir par des termes du langage courant) ;
- de se différencier : « voilà ce que c'est » mais « pour Total voilà ce que c'est ».

Sur la forme, il est important :

- d'instiller et de favoriser les points de vue d'experts ;
- d'adopter une ponctuation logique, de l'ordre de la démonstration ;
- d'utiliser des techniques de mise en page (graphisme, énumération liste à puces) ;
- d'ajouter des schémas explicatifs, tutoriels/définitions.

L'Apec

Acteur du marché de l'emploi des cadres, l'Apec apporte aux entreprises toute son expertise pour leur recrutement et la gestion des compétences. Elle accompagne et conseille les cadres dans leur parcours professionnel. Forte de sa connaissance du marché, l'Apec est au cœur de la mise en relation cadres-entreprises. Elle s'appuie sur un important réseau de consultants, professionnels des ressources humaines et de la gestion de carrière. L'Apec est en contact avec 39 000 entreprises et 800 000 cadres et jeunes diplômés. En 2011, elle a relayé près de 439 000 offres d'emploi. Elle compte 47 centres en France, 880 collaborateurs. Elle s'organise autour de trois missions, trois axes de compétences : accompagner les cadres et les jeunes issus de l'enseignement supérieur ; conseiller les entreprises ; observer le marché de l'emploi cadre.

Ses valeurs sont celles de l'engagement, de la communauté, du réseau, de l'empathie et de la transmission. Son message est résumé dans son slogan : « Prenez rendez-vous avec l'avenir » qui crée un mode de relation innovant avec les talents de demain et les recruteurs, au-delà du sourcing.

Extrait d'un billet du blog de Jean-Marie Blanc, directeur du département des relations institutionnelles et partenariales de l'Apec :

« *6e idée fausse : répondre aux questions*

Quelqu'un a écrit que l'inconvénient des questions, c'est qu'on obtient de réponses qu'aux questions qu'on a posées ! Voilà tout le problème, voilà ce qu'il faut vous efforcer de pallier. Vous pouvez bien imaginer que votre capacité à tenir le poste de travail en question, à y réussir, n'est pas équivalente à votre habileté à répondre aux questions. Ce qui compte, c'est de donner au recruteur 2 ou 3 bonnes raisons de croire en cette réussite, et, encore mieux, de se la représenter. Pour cela, reportez-vous à ce qui a déjà été dit là-dessus sur ce blog, il faut que vous-même puissiez vous y projeter, en utilisant pour cela les informations dont vous disposez sur le poste. »

Nos commentaires

Le fond : Jean-Marie Blanc adopte une posture d'autorité associée à celle d'une vraie proximité ; il est vraiment « l'expert accessible ». Son style est pédagogique et pragmatique. Son discours est axé sur le destinataire : le « *vous* », qui englobe à la fois l'ensemble des lecteurs, mais s'adresse aussi à chacun d'eux personnellement, par le biais du vouvoiement. Le ton allie tact et connivence : « *Vous pouvez bien imaginer* ». Il utilise des connecteurs en début de paragraphes qui fonctionnent comme une argumentation. Le style de ces blogs cultive la proximité avec les lecteurs. Les consultants blogueurs répondent aux commentaires : un dialogue s'établit. Il s'agit d'une écriture qui ressemble à une conversation retranscrite.

La forme : les paragraphes courts déploient chacun des informations-clés et les réponses sont directes.

Viadeo : les dépêches

« Lancement des informels Apec- L'express #6

Bertrand Moulin, Consultant APEC

Vous avez été nombreux à participer aux soirées "Les Informels" Apec – l'Express en mai-Juin 2012 ! Participez à la 6ème édition des "informels" organisée cette année dans 10 villes à travers la France ! Prochain thème "Clics et déclics : savoir trouver les bons leviers pour passer un cap…" »

Nos commentaires

Le fond : l'utilisation du « vous » en début de paragraphe laisse deviner qu'il s'agit d'un événement dédié. Un ton connivent invite à la participation de tous et à la rencontre « Les Informels ». Des termes illustrent la pédagogie de manière rationnelle (« *clics et déclics* ») et émotionnelle (« *levier, cap* »). Les verbes relaient pédagogie, service et relation : « *savoir trouver, participer, passer un cap* ».

Le résultat est un discours clair qui associe le rationnel et le sensible de manière efficace. La langue exprime la justesse du lien d'une communauté. De plus, elle valorise une expertise et véhicule efficacement des services et une pédagogie.

La posture reste cohérente même sur les supports les plus courts. L'annonce véhicule avec efficacité et justesse les valeurs de l'entreprise et de la marque. Les contributeurs Apec réussissent à engager une connivence et à traduire une pédagogie dans une annonce à valeur commerciale.

La forme : le titre est accrocheur. Les informations sont factuelles et percutantes. Viadeo peut aussi être utilisé pour annoncer des événements. Les 5 points du schéma de Lasswell sont respectés (qui, comment, par quel canal, à qui, avec quel effet).

Trois questions à... Arnaud Gien Pawlicki, responsable Recrutement et Marque Employeur à l'Apec

Comment L'Apec est-elle présente sur le Web ?

L'Apec poursuit une évolution amorcée il y a deux ans sur sa présence en ligne. Nos écrits en ligne doivent être en cohérence avec tous les autres supports. Une charte e-reputation a été mise en place pour formaliser des cadres d'écriture et des cadres de comportements ainsi que des formations. Apprendre à écrire et réagir ou inter-réagir sur le Web suppose de mettre en place ces codes.

L'Apec utilise les réseaux sociaux parce qu'ils sont pertinents au regard des usages des publics auxquels elle souhaite s'adresser. Notre cible, cadres et jeunes, est connectée en continu. Nos communicants sont très présents sur Viadeo, LinkedIn, Facebook et Twitter. Notre communauté de discussion sur Viadeo

.../...

.../...

compte 50 000 membres, principalement des cadres et des jeunes issus de l'enseignement supérieur. À chaque lieu de discussion, ses usages et ses publics.

Nos interlocuteurs sont divers : individus, entreprises, M. et Mme Tout-le-Monde, professionnels des ressources humaines, intermédiaires du recrutement... Notre force réside dans notre capacité à nous adresser à chacun, de manière personnalisée, pour répondre aux besoins exprimés.

Savoir écrire, c'est aussi savoir mettre en scène et adapter des scénarios en fonction du contexte, de la situation et de l'interlocuteur.

La multiplicité des sujets et thématiques rend nécessaire cette cohérence de langage. Être pédagogue, c'est incarner et conserver une posture de clarté, référente en toutes circonstances.

Comment entretenez-vous une bonne relation sur le Web avec l'internaute ?

Nous avons adopté une ligne éditoriale qui, chaque jour, est animée par nos consultants Apec dans un esprit de communauté. Si un chef de projet Web modère les interventions et veille à faire appliquer les règles de bonne conduite, chaque collaborateur est, pour nous, à tout moment, un ambassadeur pertinent, que ce soit on ou off line. À l'Apec, pas de censure. Tous les collaborateurs ont accès aux réseaux sociaux depuis leur poste de travail. Lors d'un événement, les contributeurs réagissent en temps réel aux interventions des participants et animent le fil de discussion en ligne en twittant. Nous contribuons à rendre visibles pour les participants les liens réels, le digital devient une expérience concrète, visible et mesurable.

Comment transmettez-vous sur le Web les valeurs de votre entreprise ?

Le ton d'un message s'adapte, bien entendu, à chaque interlocuteur, mais l'empathie reste la clé de tous les discours. Sur les réseaux sociaux, nous veillons à garder un ton décalé et à instiller des pointes d'humour. L'Apec possède dans son ADN l'humilité. Nous avons des contraintes économiques à arbitrer. Nous avons également nos mots « tabous ». Il faut savoir veiller à son expression sur les sujets sensibles. Pour écrire sur le Web, en interne, nous possédons des exemples. Quelle que soit l'expression, toute retranscription reste stratégique et délicate. Nous nous sommes dotés d'un Comité e-réputation, transverse à l'entreprise, dont je suis le représentant des ressources humaines, pour toutes les questions relatives à notre présence en ligne. L'écriture de l'Apec irrigue des valeurs et dans chaque conversation, chaque contenu, elle exprime un service personnalisé, ciblé, utile et spécifique. Nos collaborateurs incarnent cet esprit de service et transmettent nos valeurs

.../...

…/…

dans leurs écrits. Sur le Web, plus que partout ailleurs, il faut savoir transposer synthèse et engagements, prendre en compte la trace que laisse chaque écrit. Mais aussi savoir manifester son intérêt pour les autres et leurs usages, rester présent, et en même temps savoir se rendre rare. C'est à ces conditions que nos réseaux relationnels fonctionnent, respirent et vivent.

Le contenu de marque ludique

Qu'est-ce que c'est ?

Le contenu de marque ludique tend à divertir l'internaute. Il engendre une relation et veut séduire.

Comment le rédiger ?

De bonnes descriptions de produits s'adressent à un public précis et soulignent les bénéfices que celui-ci pourrait tirer de ces produits. Réfléchissez donc aux avantages que le lecteur aurait à acheter tel ou tel produit et contrecarrez par avance d'éventuelles objections. Évitez de dresser une liste fastidieuse des caractéristiques du produit et mettez plutôt l'accent sur celles qui pourraient intéresser en particulier le lecteur ciblé. Mettez-vous à la place du lecteur en prenant en compte ses besoins. S'il s'enthousiasme à la lecture, d'ici à l'action, il n'y a qu'un pas.

Les bons écrits savent transmettre des valeurs et irriguer une expérience : « *Dora a repensé vos goûters. Avec ce format inédit, savourez de nouvelles sensations. Embarquez pour une aventure au cœur de nos recettes les plus gourmandes. Créez vos cakes multicolores.* »

Ici, la phrase part du client. Elle insiste sur la créativité de la marque, capable de se renouveler : « repenser ». Une complicité est d'emblée introduite : « Embarquez, créez ». Une posture servicielle est adoptée, en guidant le client vers le site de recettes.

En tout cas, la phrase véhicule une communication qui prend soin de l'autre. Une preuve d'attention à l'adresse du client, cela génère de la confiance.

Sachez que l'exclamation reflète de l'enthousiasme plus que du sérieux et de la tempérance. Pour aborder le thème de l'alimentation saine, il est préférable d'utiliser un ton neutre, convaincant et adapté au recensement d'éléments factuels. Rappelez-vous également que les interrogations et les exhortations interpellent le consommateur, elles sont les bienvenues pour suggérer le plaisir.

Le dynamisme du discours donne un sentiment de convivialité, renforcé par l'emploi du « nous ». Celui-ci remplace régulièrement le nom de la marque pour créer plus de lien avec le consommateur. La troisième personne est employée non seulement pour parler des produits, mais aussi de la marque. Le « nous » n'est pas systématique, mais il permet de personnaliser le discours tout en limitant les répétitions.

Pour les écrits packaging, privilégiez les phrases simples pour parler de la marque et de ses produits. Ainsi votre message sera d'emblée compris si vous évitez la subordination et l'accumulation des propositions ; employez les temps du discours oral (présent, passé composé, futur) et utilisez des termes du registre courant (pas de mots techniques inexpliqués).

Sachez aussi alterner : les phrases longues et courtes, les phrases déclaratives et exclamatives, les arguments sensibles et rationnels, des rythmes binaires et ternaires. Donner du rythme et de la musique à vos écrits est important.

Pour les figures de style, songez que les métaphores et les comparaisons utilisées doivent être aisément lisibles. Grâce à ces figures de style simples, le discours est force de persuasion : il touche l'imagination du consommateur et crée un univers propre.

Amuser ? C'est savoir faire rire avec subtilité, favoriser un humour bon enfant. Au-delà de l'humour des mots, il y a celui des choses, les objets choisis peuvent prêter à sourire. Le contenu de marque s'adapte à la cible et peut utiliser les méthodes d'écriture de l'histoire.

Sur le fond, le contenu de marque ludique doit :

- utiliser un niveau de langue plutôt oral, proche de la connivence ;
- développer des adjectifs superlatifs ou teintés d'humour et de merveilleux ;
- par des images, rejoindre le pédagogique : ce que tu dis est illustré ;
- relier par des métaphores ce qui est dit explicitement ;
- favoriser les figures de style qui jouent avec la langue : oxymore, antithèse, antanaclase, paronomase ou les figures d'insistance (accumulation, répétition, redondance, hyperbole) ;
- savoir rester compréhensible, même si l'ordre des mots peut être inversé ;
- utiliser des modalités fortes : interpeller le lecteur par des exclamations, des interrogations, des interpellations ;
- favoriser un vocabulaire propre, proche du quotidien du lecteur.

Sur la forme, il est nécessaire :

- d'offrir une forme animée : insérer des dialogues ;
- d'alterner les tonalités (comique, ironique, humoristique) ;
- d'utiliser des rythmes vivants : jeux phoniques ;
- de jouer sur les allitérations et les assonances produit un effet de martèlement.

Michel et Augustin :
« Pas de pub, juste le produit et le packaging »

Installée à Boulogne-Billancourt, la marque Michel et Augustin a été fondée en 2004 par Michel de Rovira et Augustin Paluel-Marmont. Le premier produit commercialisé était les sablés. La gamme s'est élargie aux desserts frais, aux biscuits apéritifs et aux yaourts à boire. Ses valeurs sont exprimées dans son slogan : « *Les Trublions du goût, 100 % vrai* ». Ainsi les valeurs annoncées sont-elles la joie de vivre, l'entreprenariat, la simplicité, la solidarité, le partage et le sens de l'effort. Tandis que les valeurs perçues sont l'authenticité, l'humanisme, la simplicité, l'enthousiasme, la complicité, l' humour, la « francitude » avec un zeste d'esprit anglo-saxon. L'une des originalités de Michel et Augustin est la création linguistique et les jeux de mots, à l'image d'Oasis : *Vache à boire (yaourt à boire), Trublionnades, La Bananeraie (la marque appelle ainsi son siège social, La tribu (les aficionados de la marque et les collaborateurs), Recevez notre feuille de bananier (la news-letter).* La marque est conversationnelle : elle noue un dialogue véritable avec son public. Ce contenu de marque ludique possède son propre langage et ses codes : humour, jeux de mots sur les fruits, liens avec l'actualité. Ce langage a fini par être adopté par les fans eux-mêmes. Le principal vecteur de cette fidélisation active est l'emploi d'un langage humoristique, gai et optimiste, truffé de jeux de mots qui fonctionnent comme autant de devinettes et de clins d'œil adressés aux spectateurs-clients. Quels sont les arguments utilisés ? Ils présentent la marque et permettent de se rapprocher du consommateur : des produits « faits maison », avec des ingrédients naturels, et faciles à trouver, ceux que l'on a toujours dans sa cuisine. On insiste sur une production made in France. Michel et Augustin n'a plus une base de clientèle mais un public de spectateurs (appelé « communauté de la bananeraie 3.0 »). Ce public est distrait de manière régulière. La fidélisation, via le contenu de marque, est récréative et interactive.

Des histoires ludiques qui distraient et saluent le consommateur

« Bonjour !

Les 2 bonshommes toqués, c'est nous !

Michel a deux plantes vertes, 1 vélo et plus grand-chose sur la tête. Augustin a une Kangoo bleue, 5 sièges bébé et une houppette ! »

Une histoire qui raconte l'entreprise : une entreprise from France

En 2004, dans le four d'Augustin, rue Hermel - Paris 18e, Augustin et Michel lancent Michel et Augustin !

« Une aventure gourmande, humaine, souriante et 100 % VRAI. À la Bananeraie, nous concoctons des petits sablés ronds et bons, des petits carrés pas tout à fait carrés, des petits cookies from FRANCE, des vaches (notre yaourt) à boire ou en pot, des biscuits apéritifs et des fruits mixés. »

Nos commentaires

Le fond : les rubriques personnalisées restent en cohérence avec le discours et les valeurs de la marque. On est dans la structure du conte : ludiques (« *Des trublionnades* », « *La descente du siècle* »), créatives (« *Notre aventure* »), cocréatives, servicielles (« *Notre grand secret* »).

On remarque la présence de nombreux jeux de mots et calembours et l'omniprésence d'un humour bon enfant avec un lexique cohérent avec les valeurs de l'entreprise : des verbes d'action (Michel et Augustin simplifie le quotidien) ; des verbes forts et évocateurs fortement reliés à l'univers sensible de la marque ; des expressions créatives (culinaires ou ludiques) fondées autour de la création et du plaisir, l'usage de superlatifs liés au merveilleux. On remarque que le langage de Michel et Augustin a été spécifiquement créé pour la sphère francophone : la plupart des jeux de mots sont intraduisibles.

On remarque également des éléments liés à l'actualité et connus du public, l'insertion de références à la vie quotidienne : sport, nutrition.

Sur le plan du lexique, on remarque deux registres : ce que je dis de moi (« *Naturel, transparent, frais, ingrédients, recette, valeurs, opération* », « *Rejoindre, lire, comprendre* ») et ce qui me rapproche de vous (« *Aventure humaine, gourmand, sincère, vrai, tribu, ambiance, folle, drôle, joyeux* », « *Sourire, créer, développer, vivre, partager* »).

Quant aux figures de style, elles sont nombreuses : la métaphore, l'allégorie, les superlatifs liés au merveilleux (« *grand, très grand, extraordinaire, inoubliable* »), l'accumulation, l'anaphore, les néologismes et jeux de mots. Le ton est convivial et percutant, il sait se mettre en scène, déploie métaphores et allégories (l'esprit sportif, la vache). Le message sait traduire que les produits sont créatifs et conviviaux, authentiques et vrais, sains et plus légers, pratiques et quotidiens.

Le discours est fortement analogique, les petites histoires créatives relaient efficacement le discours sur les produits. Ils sont reliés à un univers ludique et créatif fortement attaché à l'univers linguistique de la marque.

Attention, la posture est conversationnelle mais autocentrée : « *Notre aventure* », « *Notre grand secret* ».

La forme : saluer le consommateur est important. Il faut savoir lui dire bonjour, sur tous les supports. Les idées principales sont écrites en lettres majuscules pour faciliter la lecture. De petites histoires relaient celles du produit : la lecture du packaging devient une récréation, un jeu de pistes et de mots. L'alternance des modalités de phrases est adaptée aux thématiques abordées (alimentation saine et créative, plaisir et praticité) : les phrases déclaratives pour développer le thème de l'alimentation saine, les phrases exclamatives pour évoquer le plaisir, l'aspect pratique et dynamique des produits Michel et Augustin. La marque réussit à déployer, sans l'asséner, un message, une philosophie grâce à l'élaboration d'une langue spécifique qui amuse et fidélise. Michel et Augustin, c'est le sablé des bons vivants prenant la vie du bon côté.

« *Savez-vous qu'en croquant ces petits sablés ronds et bons, en boivant* [sic] *ces vaches et en dégustant ces fruits entiers mixés, vous allez à la fois maigrir, faire le plein d'énergie et renforcer votre capital osseux ? Eh oui, nos nutritionnistes en blouse ultrablanche, en collaboration avec la Nasa, ont mis au point… Stop ! Arrêtez les salades !* »

Le client s'amuse, satisfait de trouver là l'écho de sa propre méfiance face aux discours fabriqués des concurrents.

Contrairement à Oasis, la posture de Michel et Augustin est déclarative. De nous à vous, c'est la marque qui décide de partager une histoire et qui intègre les consommateurs. Le style, le langage illustrent et mettent en scène cette histoire que l'on a choisi de raconter. Avec force, et sans autorité, cette vaste métaphore nous entraîne avec habileté dans un univers spécifique.

Un contenu de marque réussi doit être dans une logique induite et implicite : cette communication analogique est aussi difficile à mettre en place qu'un storytelling, c'est-à-dire une mise en récit qui aurait une âme. Elle repose beaucoup sur l'élaboration d'un langage juste incarnant les valeurs de la marque. Toute idée créative n'est pas forcément une bonne idée. Il faut un symbole éloquent et une langue en correspondance.

Trois questions à... Charlotte C., chargée de relations clients, médias et réseaux sociaux chez Michel et Augustin

Votre langage est cohérent sur tous les supports. Comment y arrivez-vous ?

C'est du langage réel, vécu. Nous n'avons pas de rédacteurs externes ou de guide rédactionnel, c'est notre équipe qui écrit. Les feuilles de bananier sont les seuls modèles. Les collaborateurs se relisent entre eux. La production étant sous-traitée, cela nous laisse du temps et de l'énergie pour développer des contenus. Chacun de nos collaborateurs y contribue à sa manière. Pour obtenir cette cohérence, nous privilégions toujours dans nos écrits les valeurs auxquelles nous croyons : humour, décalage, impertinence et simplicité, l'enjeu étant de les associer à des produits de grande qualité. C'est le produit et cette bonne humeur qui créent une cohérence.

Vous faites du storytelling. Concrètement, comment cela se traduit-il dans vos écrits ?

Nous avons adopté un langage créatif et convivial, largement inspiré de nos valeurs d'authenticité et de partage. Notre langage de marque provoque l'attention et identifie clairement l'histoire, les personnages fondateurs de l'entreprise. Il transmet une atmosphère sensible et crée de l'émotion. La féerie est un vecteur d'adhésion et d'attachement, le récit également. Le consommateur est un spectateur de nos « trublionnades » ; les événements que l'on crée, les débats qu'on lance sur les réseaux sociaux sont des invitations à participer. Le storytelling part de la vérité de notre entreprise, laquelle est devenue notre slogan. Il s'agit de réussir à l'égrener chaque jour sur nos packagings et sur le Web.

Quels conseils d'écriture donneriez-vous pour développer des contenus de marque ludiques et créatifs ?

Mettre en place un lexique en cohérence avec les valeurs de l'entreprise et les traits de personnalité de sa marque. Chez nous, les expressions créatives commentent des codes d'écriture. On ne dit pas « Bouteille de yaourt à boire », mais « Vache à boire »... Nous favorisons les modes d'expression qui parlent au consommateur. Chaque expression de l'entreprise est un clin d'œil à l'enfant qui sommeille en chacun de nous, d'où des devinettes, des références à la vie quotidienne ou à l'actualité pour être plus proche du consommateur.

Le contenu de marque créatif

Qu'est-ce que c'est ?

Le contenu de marque créatif utilise les procédés de l'histoire pour séduire l'internaute. Il se fonde sur l'analogie et la créativité de la marque.

Désormais, la spécificité sémantique doit être pensée, et la relation avec le consommateur réfléchie. Le consommateur irrigue lui-même la langue de la marque de ses références, ses expériences implicites. Désormais les linguisticiels permettent de capter les réactions et les souhaits du consommateur. Mais s'adapter, grâce à un langage qui mobilise l'internaute, à son univers ne signifie pas devenir tout ce qu'il attend de vous. L'Institut de la qualité de l'expression insiste souvent sur cette remarque : écouter et prendre en compte l'autre, ce n'est pas perdre son âme.

La marque doit, dans cette aventure, rester « auteur » d'elle-même, donner le « la ». Elle doit maintenir une langue vraie dont la source, la spontanéité viennent des équipes, des experts. Le virtuel devra se méfier de l'artificiel. Immatériel par essence, il devra incarner, c'est-à-dire choisir des expressions qui ont de la chair, de l'émotion, et cette vérité vient souvent de ceux qui créent les produits et les fabriquent, voire d'un travail avec des ethnologues qui les écoutent.

Dans la langue numérique, il y a échange et appropriation. Il faudra veiller cependant à décider par des choix de sens et des choix linguistiques qui est l'auteur, qui est l'énonciateur, qui est le propriétaire, qui guide et décide de la signature sémantique porteuse, entre autres, des valeurs de l'entreprise.

Pour l'Institut de la qualité de l'expression, le contenu de marque embrasse la communication narrative globale de la marque. Si la marque raconte des histoires, on reprend alors les techniques du récit, les lois de la construction d'une histoire…

Le contenu de marque créatif utilise les procédés de l'histoire et on peut en dresser quelques lois. La création, plus libre, doit rester en cohérence avec les valeurs de la marque. Fabriquer des histoires, c'est contribuer à nourrir le mythe de la marque. Raconter une histoire suppose de savoir ordonnancer son écrit. Les forces du récit résident dans sa capacité de mise en perspective et de durée et dans sa force analogique.

Comment rédiger ?

Comment incarner son texte, garder un ton dynamique ? À un mot près et surtout une tournure de phrase, un style est incarné, un ton posé :

- direct, vif et gai ;
- sobre, bas prix et trop austère ;
- sobre, bas prix, ludique mais fiable.

Sur le fond, il est nécessaire :

- de pouvoir s'identifier à un personnage ou l'associer à son propre vécu ;
- d'employer des personnes différentes : 1re, 2e, 3e ;
- d'utiliser les temps qui semblent les plus pertinents ; attention toutefois aux formes verbales qui alourdissent le texte ou le rendent rébarbatif ;
- de jouer avec les figures de style : anticipation, ellipses, métaphores et analogies ; le contenu de marque créatif est le plus libre et autorise des registres de discours variés ;
- de privilégier les formules actives ;
- de favoriser des mots-clés ou des tournures reliées à la marque ;
- d'alterner les tonalités (comique, pathétique, personnelle).

Sur la forme, il convient :

- de créer des effets de surprise, des rebondissements ;
- d'insérer du dialogue et de jouer avec les modalités ;
- de définir un rythme (binaire et ternaire, croissant et décroissant ou accumulatif, la disposition des mesures dans la phrase) et des ruptures de rythme (ponctuation expressive, phrases courtes ou nominales) ;
- de mettre en musique grâce à une ponctuation à valeur émotive ;
- d'éviter les descriptions trop longues, les jugements de valeur, les adjectifs laudatifs à connotation commerciale, les textes à valeur démonstrative, ce n'est pas l'objet.

Air France

Créé en 1933, le logo originel d'Air France est un hippocampe. Symbiose de la mer et de la terre, il incarne le passage harmonieux de l'azur à la terre, et de la terre à l'azur. Monture des divinités, il est aussi une belle métaphore du service d'excellence. Cet esprit se déploie dans le développement de prestations VIP, l'invention de la classe Affaires et la responsabilité sociale pour le respect de l'environnement avec la mise en place d'une Charte éthique et sociale. L'histoire de la marque s'incarne dans une démarche innovante, responsable et cohérente.

Les valeurs de la marque sont la solidarité, la rigueur, le service, l'excellence à la française. Le message se perçoit dans le slogan : « *Faire du ciel le plus bel endroit de la Terre* ». Dans le lexique, on utilise deux registres : ce que je dis de moi (« *Haut de gamme, business confort, destination* », « *Sélectionner, offrir* ») et ce qui me rapproche de vous (« *Magie, ciel, atmosphère, saga, histoire, patrimoine, expérience, aventure, passé, présent* », « *Enrichir, écouter* »).

Plusieurs métaphores et analogies sont exploitées : l'hippocampe est très éclairant pour les valeurs de l'entreprise. Dans le dernier spot avec Benjamin Millepied, Air France recourt à l'analogie avec le mythe des Androgynes, pour représenter à l'écran la sensation de voler, vue comme une fusion entre la Terre et le Ciel. L'oiseau, le goéland, est aussi une analogie qui affleure en filigrane dans de nombreuses vidéos d'Air France, réveillant dans le public la passion enfantine pour les avions en papier, l'envie de voler. Air France déploie un discours storytellisé : le discours de la marque réussit à véhiculer une histoire, un passé, un présent. La marque raconte une saga et sait faire son cinéma.

La dernière campagne de publicité identitaire d'Air France, « L'Envol » (2011), mettant en scène le danseur et chorégraphe international Benjamin Millepied, a tout misé sur le sensible, plutôt que sur le rationnel.

Nos commentaires

Le fond : le spot met en scène les retrouvailles et la danse d'un jeune couple, qui « fait l'avion », comme font les enfants. Le film mêle habilement le thème de l'enfance, du rêve immémorial de voler de l'homme, et de l'amour fusionnel. Il s'agit d'une publicité totalement non référentielle : aucun avion n'est montré. Sans parole, avec un concerto de Mozart très connu, elle évite aussi les écueils de la traduction, pour une compagnie très internationalisée. Air France déploie un discours storytellisé : le contenu de marque créatif doit savoir garder le ton de l'entreprise, et l'invention ne pas être le prétexte à toutes les libertés de style. Quel que soit le contenu, le style de la marque doit pouvoir véhiculer des valeurs et souligner des traits de personnalité.

Le contenu de marque créatif utilise les mêmes procédés et techniques d'écriture que celles utilisées dans l'art du récit. Il déploie de petites histoires narrativisées, des scénarios qui mettent en scène la marque. Pourtant, ceux-ci manquent de souffle, ne possèdent pas la touche de vérité, le supplément d'âme qui fait le storytelling. En écriture, l'inspiration, la source, les témoignages qui fondent une histoire sont fondamentaux.

La forme : les films d'Air France, eux, mettent en lumière un passé prestigieux et une histoire qui dure. Cette dernière enrichit l'imaginaire d'une marque patrimoniale. Air France dévoile son histoire, mais ne se met pas en récit. C'est toute la différence. C'est pourquoi Jean-Martin Augouard, grand spécialiste de l'histoire des marques, disait qu'il s'agit là de « historytelling ».

Les écrits de la relation client

« La lettre est une conversation avec un absent. »

Emil Cioran

Contexte

Les écrits de la relation client, qu'ils soient print ou numériques, sont des écrits délicats, qui, lorsqu'ils sont menés avec justesse, constituent un moyen efficace de poursuivre la relation commencée avec l'acte d'achat.

Le Web a en effet tout changé. Depuis les années 2000, les lettres de la relation client ont pris une nouvelle dimension. Les lettres print n'ont certes pas disparu, mais le CRM (Customer Relationship management) se fait social et prend, de ce fait, une ampleur considérable jusqu'à empiéter sur les autres types d'écrits de la relation client.

Avec le numérique, la lettre perd son caractère strictement privé qui met en relation un émetteur et un destinataire. Si l'émetteur reste unique, les destinataires indirects se comptent potentiellement par centaines, voire par milliers. L'écrit devient ainsi autrement plus complexe à mettre en œuvre.

De la même manière, cette publicité – au sens étymologique du terme – est instantanée et atteint tout un chacun très aisément. Le facteur temps est bien le nouvel enjeu des écrits de la relation client. Plus que jamais, le rédacteur doit poser les arguments avec intelligence et les disposer pour composer afin de convaincre via une haute qualité d'écriture.

Les écrits de la relation client court-circuitent le lien physique et formalisent l'acte de communication. C'est donc pour une grande part à travers lui que se forge l'image d'une entreprise auprès du client. Il s'agit d'écrire avec force et grâce en toutes circonstances, quel que soit le contenu de la réponse transmise au client et veiller à faire passer son identité sémantique. C'est un nouveau défi pour les entreprises qui désormais doivent développer les qualités suivantes : clarté, écoute, identité sémantique, conversation et interaction.

C'est à l'aune de sa capacité à les mettre en œuvre que l'entreprise conservera sa posture relationnelle et conversationnelle d'autorité.

Par exemple, un écrit trop sec en donnera une vision hautaine ; une demande d'information mal formulée sera ressentie comme une injonction ; un remboursement mal mis en valeur n'aura aucune incidence sur la perception positive par le client de la qualité des services offerts. L'écrit est de ce fait un outil essentiel pour transmettre un message, et à travers lui l'image qu'une entreprise veut promouvoir auprès de ses clients : un produit ou un service toujours amélioré, sans faille et orienté vers le client ainsi qu'une relation à la fois proche et disponible. Avec les écrits de la relation client, l'entreprise accompagne donc le client, pour comprendre ses besoins en toutes circonstances et y répondre.

L'exigence des clients est claire : obtenir une réponse qui réponde vraiment à la question principale et qui soit à la fois rapide, lisible, documentée et qui exprime de l'empathie. Il faut toujours répondre avec courtoisie à une lettre adressée par un client, que le message adressé exprime un mécontentement ou un compliment.

Dans la mesure où c'est le client qui initie cette relation, il convient de lui répondre par le canal qu'il aura choisi. Sauf cas exceptionnels d'une entreprise qui, par exemple, prend l'initiative de rappeler un produit défaillant – voiture, jouet, aliment, boisson – par les médias ou une lettre de rappel, c'est toujours le client qui en est à l'origine. Ses outils sont la lettre papier, l'e-mail – de sa boîte personnelle ou de l'onglet « Nous joindre » à partir du site de l'entreprise – et les réseaux sociaux – Facebook, Twitter, LinkedIn, Viadeo –, les blogs, les forums de discussion.

La motivation d'un courrier ou d'un commentaire est en majorité due à une demande d'informations, l'expression d'un mécontentement, la satisfaction (certes plus rare), une demande de remboursement, le suivi d'une commande ou l'annulation de celle-ci.

Objectifs

Pour une entreprise, les objectifs des écrits de la relation client, lorsqu'ils deviennent délicats, s'organisent en trois grandes étapes :

- répondre aux questions des clients dans une langue compréhensible ;
- faire accepter cette réponse par le client ;
- faire du client un nouvel ambassadeur de la marque et transformer si possible un échange délicat en écrit positif.

Et l'objectif final consiste, pour les entreprises, à rester maîtres de leur communication et à fidéliser le client.

Il est déterminant d'y veiller avec une attention de chaque instant.

Spécialement depuis l'explosion d'Internet qui peut vite créer des dégâts qui seront longs à réparer : les écrits publiés via ce médium le sont avec d'autant plus de facilité que l'auteur de la lettre aura la tentation de partager ses expériences malheureuses sur une échelle qui peut être vite mondiale, dans un anonymat relatif, et recueillir le soutien d'autres internautes.

Rétablir une relation stable entre un client mécontent et une entreprise est un exercice difficile qui demande un subtil doigté diplomatique.

Dans les écrits de la relation client, les mots doivent mettre en valeur justesse et force, diplomatie et empathie et, surtout, faire passer, également avec subtilité, les valeurs et l'identité de l'entreprise signataire. Toute la difficulté est là. La relation ainsi posée amène confiance et sérénité.

Message

Reprenons le slogan de la campagne publicitaire 1993 de La Poste, « Une lettre, c'est plus que des mots ». Les messages placent les clients au cœur des préoccupations de l'entreprise.

Ils gravitent autour de deux pôles : informer et argumenter. Quelle est la différence ? Informer, c'est porter à la connaissance de la cible, des faits, des chiffres, des événements ou des actions marquantes. Argumenter, c'est effectuer une organisation des faits, des chiffres, des événements ou des actions marquantes en fonction d'une visée.

L'argumentation peut être rationnelle : elle cherche une logique pour justifier son point de vue, compte tenu des faits et des enjeux, et s'attache à convaincre son interlocuteur. Ou relationnelle : elle tient alors compte de la personnalité du récepteur, de ses références, de sa contre-argumentation et s'attache à persuader son interlocuteur. Elle s'exprime par le choix d'un style et la manière de formuler.

Les arguments ou les informations sont donc posés puis composés en messages pour répondre au plus près aux interrogations et demandes exprimées. Les messages se trouvent ainsi dans une posture de force et guident vers la solution et la réponse qui conviennent le mieux.

Une fois cette réponse et cette solution données, rien ne vous empêche de poursuivre la conversation. Comment ?

En donnant à propos de votre entreprise :

- d'autres informations sur les produits ;
- des conseils ;
- les bonnes pratiques ;
- des numéros de téléphone pour joindre des conseillers ;
- l'adresse de votre site.

C'est un moyen subtil de continuer à développer une relation de confiance et de fidéliser le client.

La plupart des entreprises possèdent des services Relation client composés d'équipes de rédacteurs dont la fonction est de répondre aux courriers des clients, tous supports confondus. Cette structure est indépendante d'une direction comme celle de la communication de l'entreprise, par exemple.

Les signataires possibles de ces échanges peuvent être le chef de produit, le responsable service clientèle, le directeur marketing, le responsable du service Réclamations, la directrice de la clientèle privée, la directrice de la marque, le directeur digital ou le directeur général.

Si la réponse implique des recherches, il faut l'indiquer au client. Les rédacteurs du service Relation client peuvent parfois être amenés à conduire des recherches pour donner une réponse argumentée à une question complexe. Pour autant, ils ne doivent pas attendre d'avoir la réponse en question pour se manifester de nouveau auprès des clients. Surtout si la recherche s'avère compliquée elle aussi. Un premier retour rapide sera le bienvenu, ne serait-ce que pour prendre acte de la lettre reçue. Il précisera en quelques lignes que la question posée demande quelques recherches et qu'il reviendra vers lui d'ici x jours – le moins possible.

Pour trouver la réponse, constituez-vous votre réseau de spécialistes et d'experts au sein de l'entreprise sur les sujets que vous avez en charge. Les bases de données de votre entreprise constituent également des aides substantielles, les recherches à effectuer au sujet des réponses à fournir peuvent être variées et demander l'aide de plusieurs services.

Peut-on tout écrire dans une réponse ? Être complet n'est pas nécessairement être exhaustif. Certaines informations stratégiques peuvent être confidentielles. En cas de doute, prenez contact avec la direction de la communication. La maîtrise totale de votre sujet passe par la maîtrise du vocabulaire et du lexique associés, et surtout par la formulation de phrases justes. Vous saurez vous adapter à votre client et lui présenterez une réponse lisible et compréhensible.

Outils

Les outils de l'entreprise sont fonction des deux cas suivants :

- le client s'adresse en direct et exclusivement aux entreprises par le médium de la lettre ou de l'e-mail : cette relation qui est une relation d'ordre privé implique un émetteur et un destinataire. Elle demande au rédacteur une réponse rapide ;
- le client s'adresse en direct à ses relations et indirectement aux entreprises par le médium d'un post sur un mur à partir des réseaux sociaux : cette relation qui s'inscrit dans le partage est, dans l'instant, multiple. Elle implique un émetteur et de nombreux destinataires. Elle impose au rédacteur une réaction quasi immédiate.

Méthode

La lettre

Qu'est-ce que c'est ?

Un écrit de la relation client est un écrit de qualité, simple, efficace et compréhensible qui pose la « patte » de l'identité de l'entreprise. Comment organiser une lettre de réponse à une lettre de réclamation d'un client ?

L'expression écrite ou orale, bien souvent, est imprécise. Mal construite, elle connaît des déperditions importantes entre son point de départ, l'émetteur du message, et son point d'arrivée, la cible du message. On estime ainsi que le contenu d'un message est pour un tiers compris et retenu, pour un tiers transformé et pour un tiers oublié.

Les facteurs de déperdition d'un message écrit sont : les sigles, le jargon propre au secteur d'activité de votre entreprise, un niveau de culture inadapté au public, des arguments non hiérarchisés ou une expression compliquée. D'où l'impérieuse nécessité de structurer votre discours.

Pour remédier à ces déperditions, la qualité de la construction d'un écrit est primordiale. Voici quelques caractéristiques dont doivent faire preuve vos courriers :

- une bonne présentation du contexte ou une bonne reformulation de la question soulevée par le client ;
- un texte avec des arguments crédibles ;
- un courrier personnalisé, grâce à un style qui prend en compte la sensibilité du récepteur et à part égale soigne l'identité de l'entreprise ;
- des excuses quand il le faut ;
- un ton juste ;
- une formule de politesse adaptée au contenu du courrier ;
- une bonne présentation de courrier.

Comment la rédiger ?

De manière plus détaillée, voici comment se décompose la structure d'un courrier et donc de quelle manière vous pouvez travailler la rédaction :

- la contextualisation : l'exposé des motifs. Cette première partie est une sorte d'introduction où vous donnez les éléments de contextualisation de votre courrier. Ce paragraphe introductif est de la plus grande importance : c'est lui qui crée la première impression chez votre lecteur, et lui donne l'envie, ou non, de lire l'intégralité de votre courrier. Il faut tout à la fois l'« intéresser » et faire preuve d'attention à son égard, en équilibrant les aspects rationnels et relationnels. Vous expliquez donc pourquoi et dans quel cadre ce courrier est adressé à votre interlocuteur ;

- la décision : en fonction des arguments développés, vous annoncez votre décision. Elle précède l'énonciation des arguments exposés ensuite et la logique d'argumentation que vous avez choisie ;
- les arguments : ils viennent présenter et expliquer les raisons qui sont à l'origine de votre position. La pertinence et la qualité de leurs enchaînements sont primordiales pour que la décision, la position ou l'avis soient logiques, forts et incontestables ;
- la conclusion : plus qu'un résumé, la conclusion doit, quand c'est nécessaire, renvoyer à l'action que votre lettre doit déclencher, ou à laquelle elle répond. Par exemple, si votre courrier a pour objet la fourniture de pièces justificatives, vous devez rappeler à votre client que vous êtes en attente de ces pièces. Ou encore, si votre lettre fait suite à une demande, assurez-vous de la pertinence de votre réponse et des délais dans lesquels elle est intervenue. La conclusion a aussi une fonction « affective ». C'est un élément de valeur ajoutée qui doit replacer votre client au cœur de vos préoccupations. Vous devez donc terminer votre courrier par une formule de politesse en lien sincère avec ce que vous venez d'écrire. Soignez ce point et ne croyez pas que personne ne porte attention à ces formules « bateau ». Tout au contraire, celles-ci constituent bien souvent une chute dont dépendra l'impression finale laissée à votre lecteur ; si votre formule est mal construite, elle nuira à la bonne image que vous vous serez efforcé de transmettre dans votre développement.

Un e-mail ou une réponse à un post ?

Qu'est-ce que c'est ?

Rédiger un e-mail de réponse ou répondre à un post consiste à saisir et à appliquer les lois de l'écriture numérique. Être courtois dans un format plus court, avec des formules plus libres, suppose de savoir orchestrer nouvelles lois et simplicité avec toujours, en ligne de mire, une réponse qui contextualise et qui traduit un esprit de service.

Comment rédiger ?

Les spécificités de l'écriture Web :

- clarté, efficacité, simplicité : c'est une écriture qui répond de manière directe à la question posée tout en sachant rester courtoise. Elle nécessite d'aller à l'essentiel, avec des arguments simples et factuels, des mots compréhensibles ;
- la réponse doit être rapide et synthétique : dans la relation client sur le Web, il s'agit tout d'abord de répondre dans un délai de deux jours maximum. Dans cette réponse, allez à l'essentiel : dix lignes et peu de paragraphes. Elle diffère en cela de l'e-mail ou, plus encore, de la lettre ;
- des phrases courtes, une syntaxe simple et le respect de l'orthographe, y compris dans le titre de l'e-mail : l'avantage d'une phrase courte, c'est qu'elle évite des erreurs d'interprétation de la part du lecteur. Elle est aisément compréhensible et mémorisable par le client. Elle est efficace et atteint plus sûrement son destinataire ;
- un ton dynamique et convivial mais sans complicité excessive avec une présentation soignée. Il faut donc veiller à rester toujours poli et attentionné, et faire en sorte que la réponse reste générique et qu'elle puisse éventuellement servir aux autres ;

- utilisation des formules de courtoisie du dialogue : elles sont moins formelles que dans les lettres.

Nos conseils

Rédiger des réponses 2.0

Essayez de répondre rapidement et efficacement aux questions soulevées par le client.

Gardez un ton factuel qui reflète ce que fait l'entreprise.

Soyez rigoureux dans la clarté et la lisibilité de l'information que vous procurez.

Vos réponses sont toujours marquées par la politesse, avec des formules de salutation au début et à la fin.

Gardez à l'esprit que vos réponses sont visibles de tous vos clients et qu'ils peuvent potentiellement tous réagir.

Si le Web favorise une langue simple et connivente, il faut savoir doser la complicité. Tout est question d'équilibre, mais aussi d'adaptation au sujet traité : dans le cas d'une réponse très personnelle sur une pure question de relation client, on peut s'autoriser à être relativement complice ; en particulier si la réponse apportée est positive. Complice ne signifie pas familier. En revanche, plus la réponse est potentiellement conflictuelle, plus on se gardera de toute marque de connivence excessive ; le principe sera le même sur un sujet qui fait débat et qui pourrait s'élargir à des réponses ou des commentaires provenant d'un grand nombre d'internautes : le ton sera nécessairement plus neutre.

Paroles d'expert
Xavier Quérat-Hément,
directeur de la qualité du groupe La Poste

Dans le monde du service, tout est relation. Et donc échange, écoute et considération de l'autre. Le service est coproduit. Il est à la fois service et émotion. Le client aujourd'hui compare sans cesse et a les moyens de le faire. Il fait savoir sa satisfaction autour de lui, largement, grâce aux réseaux sociaux. Sa satisfaction, voire son enchantement, clé de sa fidélisation à la marque, dépend de la qualité du service rendu, en fait perçu, lors de chacune de ses interactions avec l'entreprise. Avec un acteur de l'entreprise, au sein d'une agence, ou à distance, au travers du téléphone, de l'écrit (e-mail, courrier, réseaux sociaux). En amont, pendant et après l'achat du service. Tout au long de son parcours client. C'est ce qui constitue l'expérience client.

Pour être en confiance, il a besoin de sentir l'entreprise accessible, présente et réactive. Tout écrit CRM engage l'entreprise, signe son effort de considération du client. La réponse doit être personnalisée, à l'écoute de ses besoins et répondre de manière claire à sa demande (positive ou négative). Le discours de l'entreprise doit être fondé sur ses valeurs, sur sa promesse de marque.

Au-delà des traditionnelles et souvent décevantes foires aux questions ou, plus novatrices, des communautés de clients, l'écrit CRM doit présenter une forme et un fond de qualité, proches de l'excellence, fondés sur l'enjeu stratégique de l'entreprise (qualité/prix) : formule de politesse, reformulation de la demande du client, réponse de l'entreprise, qualité du signataire.

L'accusé de réception de la demande permet de rassurer le client : « Je suis pris en charge ». La réponse, elle-même, doit lui parvenir rapidement. La réactivité est fondamentale, d'autant plus, que le client aura formulé sa demande sur un médium rapide (téléphone, e-mail). La réponse doit être précise et bien écrite. À l'entreprise de trouver la bonne organisation pour le faire.

Et, surtout, la mobilisation est nécessaire : le portage par la direction générale (pour donner le sens), l'engagement du management (qui doit être convaincu que tout contact client est créateur ou destructeur de valeur) et l'investissement en formation des collaborateurs. D'autant que la formation renvoie de la considération au collaborateur. « L'entreprise investit sur moi, je compte pour elle. Et donc je fais de mon mieux. » Chacun est acteur de la longue chaîne du service. Le client percevra la qualité du maillon le plus faible. L'ensemble des acteurs doit avoir les bonnes attitudes de service, ce qu'on pourrait appeler

.../...

…/… « l'esprit de service », ce petit plus perçu par le client et qui va faire toute la différence, que les acteurs soient en agence, au téléphone ou dans un back office chargé de la relation client écrite.

À l'ère de l'expérience client, la différenciation tient plus à la relation qu'au service seul. La relation peut se définir comme l'ensemble des interactions créant et renforçant le lien entre le consommateur et la marque. Ce lien, facteur d'attachement, de fidélisation et de recommandation constitue la clé de la performance durable des entreprises.

Club Med

Les écrits de la relation client tendent à être de plus en plus courts : ainsi, celui du Club Med envoyé à ses bons clients :

Premier courrier

« Chère Jeanne,

Nous sommes heureux de vous accueillir cette année en tant que membre Turquoise dans notre programme Club Med Great Members.

Parce que vous comptez pour nous, nous vous offrons une toile photo personnalisée de 20X30 cm pour immortaliser votre plus beau souvenir de vacances.

Très bonne année 2013

Prénom + Nom
Directeur Général France Belgique Suisse »

Nos commentaires

Le fond : l'adresse « Chère + Prénom » crée une vraie complicité. Le texte est court et concis : 50 mots. Il sait traduire deux idées maîtresses : le statut de la cliente est mis en avant ; une marque d'attention destinée au client « Parce que vous comptez pour nous… »

La forme : le relationnel est marqué d'emblée avec le pronom personnel « Nous » qui initie la conversation. Le corps de la lettre est composé de deux phrases (une idée par phrase) : tout d'abord l'accueil et ensuite un cadeau de remerciement. Le style est convivial, éloigné du ton formel d'une lettre. Le ton est chaleureux et en accord avec les valeurs de la marque.

C'est un courrier très bien construit : le fond et la forme s'accordent pour illustrer les valeurs de convivialité haut de gamme de l'entreprise et de la marque.

Second courrier

« Chère Jeanne,

Parce que vous faites partie de nos meilleurs clients, nous avons le plaisir de vous faire découvrir notre nouvelle brochure Printemps-Été 2013.

Installez-vous confortablement et plongez au cœur de notre brochure Trident Printemps-Été, afin de découvrir toutes les surprises et nouveautés que l'été vous réserve et ainsi imaginer votre séjour idéal.

Pour vous accompagner et rythmer votre lecture, nos marque-pages vous invitent à suivre le chemin des vacances qui vous ressemblent : à chaque coup de cœur, glissez un marque-page, faites une pause, prenez le temps de rêver et revenez-y quand bon vous semble.

Et pour partir l'esprit serein, bénéficiez de notre offre Happy First de – 15 % par personne pour tout séjour réservé avant le 14 janvier 2013 et de – 10 % par personne sur les séjours réservés entre le 15 janvier et le 20 mars 2013 inclus. Enfin, laissez-vous séduire par notre prix découverte été 2013 pour vous évader dans le nouveau village de Guilin en Chine. Et parce que les années filent bien trop vite, désormais le séjour est gratuit pour vos enfants de moins de 6 ans.

Vous n'avez plus qu'à profiter…

Bonne lecture et à très bientôt dans nos Villages,

Prénom + Nom
Directeur Général Club Med France »

Nos commentaires

Le fond : l'adresse « Chère + Prénom » crée – comme dans le courrier précédent – une vraie complicité. Les idées apparaissent de façon très progressive et sont données dans un rythme qui amène la détente.

La forme : les verbes d'action incitent à la détente et aux activités de vacances : « *Plongez au cœur de notre brochure* ». Quand les phrases sont longues, elles se présentent sous la forme de propositions coordonnées qui sont les plus aisées à comprendre. Les verbes conjugués à l'impératif dépassent le cadre du conseil : ils incitent à profiter (« *Bénéficiez...* »).

L'idée des marque-pages donne une dimension presque ludique à la relation, de complicité en tout cas. Le courrier est très bien ordonnancé.

Les écrits de la banque Monnaix

Les écrits de la relation client peuvent aller de la simple demande d'informations à l'écrit polémique. Dans les exemples suivants nous avons choisi de traiter chacune de ces situations. La banque Monnaix est la filiale d'une grande banque latino-américaine basée à Buenos Aires qui commence à s'implanter en Europe à partir de l'Espagne, sa tête de pont stratégique. Il a été décidé que la filiale de cette banque serait une banque en ligne dans les pays de conquête. La banque Monnaix adopte une stratégie similaire en Espagne puis dans le reste de l'Europe jusqu'en Roumanie.

Pour pénétrer le marché, cette filiale propose, à l'instar des banques concurrentes, des services et des produits bancaires gratuits, des produits financiers à des coûts réduits. Elle se spécifie et suscite l'intérêt des particuliers sur plusieurs points, notamment avec : un contrat « Family Pack » : tous les membres de la famille deviennent clients avec une attention particulière portée à la cible adolescente et étudiante qui bénéficie d'un accompagnement et d'une aide dans un onglet « Mes premiers pas dans l'univers de la banque ». Des forums thématiques permettent aux clients d'échanger leurs bonnes pratiques dans les domaines du crédit, de l'immobilier, de la retraite, des prêts étudiants. Et une rubrique « Des astuces à votre service » : vous aider quand vous passez des vacances à l'étranger, vous aider à identifier les conseillers immobiliers près de chez vous.

Lettre originale

« Monsieur HOMBRE,

En réponse à votre demande, nous avons le plaisir de vous faire parvenir une documentation générale sur la banque Monnaix. Vous trouverez comme convenu dans notre brochure les informations relatives à notre contrat Family Pack.

Avec Family Pack, vous-même et votre famille accédez à tous les avantages qu'il procure à des tarifs très compétitifs :

0 € de frais de souscription,

0 € frais de gestion pour aucun des membres souscripteurs,

0 € de frais sur vos cartes et vos chéquiers et une assurance très compétitive en cas de perte de vos moyens de paiement et même de vos papiers d'identité.

En adhérant à ce contrat, vous profitez également d'avantages fiscaux sans équivalent : l'exonération fiscale d'une partie des plus-values ou intérêts 8 ans après la date d'adhésion au contrat.

Vous bénéficiez de la solidité de notre banque mère, qui fait partie d'un groupe dont la solidité est avérée en Argentine.

Monnaix possède également une vaste palette complémentaire de produits et services bancaires : Assurance, Bourse, Épargne, à des tarifs très performants.

Pour tout renseignement complémentaire, connectez-vous sur www. monnaix. fr ou contactez notre équipe de spécialistes au 00 00 00 00 00 (appel gratuit depuis un poste fixe).

Souhaitant vivement vous accueillir parmi nos clients, nous vous prions d'accepter, Monsieur, l'expression de nos salutations professionnelles et respectueuses.

Prénom + Nom et fonction »

Nos commentaires

Le fond : le texte présente ce produit financier, étape par étape, en mettant plus l'accent sur les inconvénients auxquels échappera le client que sur les bénéfices qu'il en tirera. Ce n'est pas au client de deviner : les informations doivent lui apparaître vite et de façon pédagogique. Il conviendrait de concentrer l'essentiel du message sur les informations immédiatement nécessaires pour convaincre, ce qui fait en partie défaut ici. Il s'agit de convaincre, et de convaincre à coup sûr.

La forme : la première phrase de la lettre établit la communication entre récepteur et destinataire. Elle positionne. Les offres complémentaires, si intéressantes soient-elles, sont à isoler du corps de la lettre. Un message essentiel par lettre suffit. Si l'on tient réellement à introduire des informations de cette nature, les placer dans un encadré. La lecture en sera facilitée.

Lettre réécrite

« Monsieur HOMBRE,

Nous avons bien reçu votre courrier de demande d'informations sur Family Pack, notre contrat spécialement adapté aux besoins des familles. Merci pour l'intérêt que vous portez à notre banque.

Family Pack est une offre unique qui bénéficie de tous les avantages étudiés spécialement pour les familles. Autre avantage de ce produit : il ne vous coûte rien. Chez Monnaix, pas de frais de souscription, ni de gestion pour les membres souscripteurs.

En outre, une assurance très compétitive en cas de perte des moyens de paiement et des papiers d'identité pour tous les souscripteurs.

Pour plus d'informations, rendez-vous sur : www.monnaix.fr. Ou joignez directement nos financiers au 00 00 00 00 00

Nous espérons vous accueillir bientôt parmi nos clients ; nous restons bien sûr à votre service pour toute information complémentaire.

Bonne lecture,

Prénom + Nom
Fonction du signataire »

Dans cette lettre raccourcie, le texte présente le produit dans un ordre décroissant d'arguments en commençant par les bénéfices les plus intéressants pour le client. C'est à partir de ceux-ci qu'il se fera une première opinion. Le texte conduit le prospect-client à adhérer au contrat pour lui et sa famille. Il s'agit de rester concis, et surtout clair plutôt que précis. Le texte aéré est accueillant et incite à la lecture. La formule d'introduction pose la conversation d'emblée. La formule de conclusion crée une complicité en accord avec les valeurs de la marque Monnaix. Ces valeurs – sérénité, simplicité, performance, complicité – sont ainsi illustrées tant au niveau du fond que de la forme.

Nos conseils

Que signifie bien communiquer ?

Bien communiquer, c'est :

- savoir ouvrir la conversation par une formule de politesse qui invite à la relation ;
- mettre sur un même plan les deux interlocuteurs d'une conversation ;
- savoir prendre congé de son interlocuteur par une formule adaptée qui exprime l'empathie.

E-mail original

« Monsieur HOMBRE,

[...]

À chaque fois que vous réaliserez une opération délicate sur notre site www. monnaix.fr, vous devrez la valider en renseignant un code sécurité à usage unique que nous vous enverrons par SMS ou par serveur vocal. Il est donc important de veiller à mettre à jour vos coordonnées téléphoniques dans votre "Accès client" rubrique "Informations personnelles".

Si vous avez souscrit à l'assurance Moyens de paiement, vous pouvez retrouver le détail des garanties dont vous bénéficiez sur notre site www.monnaix.fr en cliquant sur l'onglet "Compte bancaire", puis "Contrat Family Pack" et "Nos assurances".

Nous vous remercions de votre confiance ».

Nos commentaires

Le fond : ces deux paragraphes terminent l'e-mail envoyé au moment de l'ouverture d'un compte courant, nécessaire pour souscrire un contrat Family Pack. Constitués de trois phrases de près de trente mots, ils contredisent le ton convivial et accueillant du début de l'e-mail. Les mots « opération délicate » sont anxiogènes et semblent dépasser le cadre de la sécurité attendue ; ils laissent supposer que des précautions extrêmes sont à prendre.

Alors qu'il s'agit de rassurer le client, cette formulation jette un doute sur les capacités de la banque à garantir une protection maximale à ses clients. Ce qui est d'autant plus dommageable qu'elle doit, au contraire, rassurer par tous les moyens les clients prêts à s'impliquer dans une banque argentine. Le texte, enfin, est trop chargé en informations ; il perd ainsi en lisibilité.

La forme : les phrases sont trop longues. La tournure des phrases devrait être plus légère et illustrer la volonté de conquête de la banque en Europe. De ce fait, le ton et le style de l'écriture numérique ne sont pas respectés. Ce décalage sera immanquablement perçu par le client qui éprouvera une gêne inconsciente qui peut avoir pour conséquence de le faire hésiter dans sa démarche d'adhésion. Le texte n'est pas aéré et n'incite pas à la lecture, des constats qui vont à l'encontre des codes des e-mails.

E-mail réécrit

« Désormais, nous vous offrons la possibilité d'activer un niveau de sécurité renforcée lors de vos opérations en ligne (virements, RIB, données personnelles).

Dans ce cas, nous vous envoyons, par SMS ou par serveur vocal, un code sécurité à usage unique. Il vous sera nécessaire pour valider toutes vos opérations.

Si vous avez souscrit à l'assurance Moyens de paiement, rendez-vous sur le site www.monnaix.fr et cliquez sur l'onglet "Compte bancaire", puis "Assurance Moyens de paiement" ».

Le texte se concentre sur le sens et va droit au but. Le paragraphe consacré à l'assurance des moyens de paiement a-t-il sa place à la fin de cet e-mail ? Peut-être pourrait-il figurer dans un encadré détaché du corps de l'e-mail ?

Les connecteurs – ou mots de liaison – donnent une réelle unité au texte. Chaque phrase exprime une idée.

Post original

« Monnaix offre ses services !

Lorsque l'on souscrit un contrat Familiy Pack chez nous, il est toujours possible de modifier en temps réel sa mise en place et de suivre son évolution. Pratique, non ? »

Nos commentaires

Le fond : le sens est confus. Par ailleurs, c'est bien la banque Monnaix qui parle, mais le destinataire n'est pas identifié.

La forme : cette phrase de vingt-sept mots gagnerait à être épurée. Quant à l'énonciation – c'est-à-dire qui parle et à qui ? –, elle demeure une réalité abstraite. Le prospect-client ne se sent pas concerné.

Post réécrit

« Nous innovons pour vous ! Ouvrez un compte chez Monnaix et suivez votre dossier en temps réel. Pratique, non ? »

La marque se met en scène avec un message fort : la simplicité pour le client.

Les mots clés qui figurent sur le *wall* correspondent au ton imprimé par Monnaix. La marque ne se laisse pas dominer par la parole de l'autre.

Monnaix montre son intérêt pour le prospect en instaurant une conversation et en se montrant à son écoute – illustration de la valeur de sérénité.

Sa brièveté s'accorde avec la nature et le support de l'écrit. Les signes diacritiques appartiennent aux codes du numérique. Les deux impératifs suggèrent l'action, ce qui fait ressortir le contenu du message.

Pensez à alimenter les rubriques en veillant à demeurer dans l'univers de la banque à travers un ton et un style de *pure player.* Il importe en effet d'aller droit au but avec un style qui tend à être un style « télégraphique ».

Les chemins de fer ÖBB

Un client mécontent écrit pour demander des explications, un remboursement partiel ou total, un produit similaire. Quelle attitude adopter ?

La ÖBB est une compagnie de chemin de fer autrichienne qui a mis en place une direction de la relation client.

Lettre originale

« Monsieur,

Par votre lettre du 10 janvier 2013, vous faites part de votre mécontentement à propos des difficultés que vous avez rencontrées lors de vos trajets quotidiens les 13 et 16 décembre dernier. Vous demandez un dédommagement et que vos remarques soient prises en compte.

Je comprends la situation que vous évoquez et regrette vivement les désagréments qu'elle a pu provoquer.

Je suis également désolée pour le retard apporté dans la rédaction de la présente.

La ÖBB a la volonté de remplir en toutes circonstances ses obligations de transporteur, mais l'entreprise ne peut échapper à ce droit constitutionnel reconnu, ni mettre immédiatement fin à un arrêt de travail lorsqu'il est déclenché. [...] Je puis cependant vous assurer qu'en de telles situations, la ÖBB met tout en œuvre pour minimiser les désagréments que provoquent ces perturbations de service.

Cela étant, s'agissant ici d'un événement imprévisible et insurmontable qui ne rentre pas dans le cadre de la loi de la continuité du service public, article 12 et dans la mesure où la ÖBB n'a pas pu prévoir, maîtriser et s'organiser, il n'est pas possible de procéder à ce titre à des dédommagements.

Par ailleurs, tout transport, quel qu'il soit, est soumis à ses propres aléas techniques, mais également à des perturbations extérieures, et qui bien souvent proviennent de la concomitance de ces différents facteurs. La ÖBB, pour le cas présent n'a pas échappé à cette règle, le 16 décembre dernier. En effet, vers 11h le train N°14432 a arraché la caténaire à l'entrée de la gare de Vienne. Une possibilité de circulation normale a été constatée sur l'axe Linz-Vienne. En revanche, l'interruption du trafic sur les autres axes au départ ou à l'arrivée de Linz s'est révélée nécessaire. Vers 13h50 un incendie à proximité de Linz a provoqué l'interruption de la tension électrique entre Vienne et Linz, et quasi simultanément, vers 14h20, un engin moteur en feu à l'entrée de la gare d'Enns a également provoqué l'interruption des circulations sur cet axe. Enfin, vers 17h50, un autre train de voyageurs s'est malheureusement emmêlé dans la caténaire provoquant à nouveau des perturbations importantes.

Malgré les divers dysfonctionnements qui ont entaché la production les 13 et 16 décembre dernier, il a été observé que le personnel du centre des opérations est resté mobilisé, ne comptant ni le temps ni l'énergie nécessaires afin de fournir un maximum d'informations aux voyageurs et ce en temps réel de l'évolution de la situation.

Je vous prie de croire, Monsieur, à l'assurance de mes sentiments les meilleurs. »

Nos commentaires

Le fond : la lettre montre la bonne volonté du rédacteur à vouloir expliquer, ce qui est un bon point de départ mais reste insuffisant. Il aurait d'abord fallu rédiger une phrase de synthèse pour résumer la situation et réserver les explications détaillées dans un paragraphe spécifique.

La réponse à la question du client est noyée dans le corps de la lettre.

Le contenu est très compliqué, très long. L'anonymat de la lettre de réponse est absolument à éviter. Le client a besoin de savoir que c'est une personne qui lui répond et non pas un groupe.

La forme : les phrases sont souvent longues, voire très longues (jusqu'à cinquante-cinq mots). L'alternance entre phrases courtes et longues est difficilement perceptible. Certains des mots employés dans les explications appartiennent au jargon technique de l'entreprise : le destinataire ne pourra qu'en deviner le sens. Le texte n'est pas aéré, compliquant encore la lecture.

Lettre réécrite

« Monsieur,

Dans votre lettre du 10 janvier 2013, vous exprimez votre mécontentement à la suite des difficultés que vous avez rencontrées les 13 et 16 décembre dernier. Vous souhaitez obtenir un remboursement.

Je vous prie tout d'abord d'accepter nos excuses pour cette réponse tardive. La ÖBB, et tout particulièrement l'équipe régionale, vous présente leurs vifs regrets pour les conditions de transport que vous décrivez.

Je suis toutefois désolée de ne pouvoir vous faire bénéficier du remboursement que vous souhaitez. En effet, l'arrêt de travail à l'origine des difficultés du 13 décembre ne relève pas de la loi sur la continuité du service public. Pour la ÖBB, il n'était pas possible de prévoir, ni donc d'anticiper les conséquences pour les voyageurs de cette grève soudaine, déclenchée en l'absence de tout préavis. Dans ces conditions particulièrement difficiles, la ÖBB s'est efforcée de faire circuler le maximum de trains avec des agents non grévistes et, quand nous le pouvions, de mettre à disposition des voyageurs des cars de substitution. Ces mesures ont cherché à minimiser les désagréments pour nos clients, sans pour autant parvenir, et nous le déplorons, à les rendre acceptables.

Quant aux événements du 16 décembre, ils proviennent d'une addition malheureuse de plusieurs incidents successifs, pour certains techniques et ferroviaires, pour d'autres liés à des perturbations extérieures. Ainsi, une caténaire a été arrachée à l'entrée de la gare de Vienne, ce qui a conduit à l'interruption du trafic sur la plupart des axes au départ et à l'arrivée de la gare [...]

Nous avons bien conscience des conséquences de ces divers dysfonctionnements pour vous. Soyez néanmoins assuré de la mobilisation et du dévouement de tous les cheminots ce jour-là. Leur travail, certes invisible aux yeux du public pour sa plus grande part, a permis de fournir le maximum d'informations possibles sur l'évolution en temps réel de la situation, et de rétablir la circulation au plus vite compte tenu des circonstances.

Je souhaite que vous puissiez nous maintenir votre confiance. Je vous prie de croire, Monsieur, à l'assurance de ma sincère et attentive considération.

Votre chargé(e) de clientèle de la région "Nom de la région"

"Prénom" + "Nom" »

La lettre commence par présenter des excuses et des regrets compte tenu des circonstances dans lesquelles le client a voyagé. On lui donne ensuite la réponse qu'il attend : bénéficie-t-il d'un remboursement ou non ? Les explications qui suivent sont isolées dans un paragraphe spécifique. Elles montrent ce qui s'est passé ; elles visent à valoriser l'action de ÖBB dans ces malheureux concours de circonstances, sans pour autant chercher à nier les conséquences pour les clients.

Dans l'ensemble, la lettre réécrite est plus courte, elle va plus à l'essentiel. La lettre se termine par l'expression de l'empathie. Il s'agit aussi d'illustrer la posture de responsabilité et d'action de la ÖBB par la mise en scène de ses agents. L'énonciation alterne l'identité des interlocuteurs : je, nous, ÖBB. La lettre prend ainsi une tournure plus « humaine », davantage personnalisée.

Nos conseils

Face à un écrit de mécontentement : des verbes d'action

Une fois que vous avez exprimé votre empathie, vous devez montrer au client mécontent que vous allez personnellement AGIR pour trouver une solution qui lui convienne.

C'est là que les verbes d'action entrent en jeu ; vous n'avez que l'embarras du choix :

- appeler, joindre, prendre contact, avertir, informer ;
- expliquer, trouver, satisfaire ;
- interroger, questionner, avancer, résoudre, solutionner, programmer ;
- rembourser, échanger, disposer, confier, réagir, entreprendre ;
- envoyer, expédier.

Les verbes d'action seront épaulés par des marqueurs temporels : tout de suite, dans les plus brefs délais, immédiatement.

Paroles d'experts
Christine Balagué et David Fayon,
auteurs de *Facebook, Twitter et les autres*[1]

« Une stratégie de réussite sur les réseaux sociaux suppose de mener une démarche de communication très différente de celle qui a été conduite classiquement par les entreprises depuis une trentaine d'années, à savoir une stratégie *push* (l'entreprise définit et contrôle un message diffusé sur les bons médias pour toucher un maximum d'individus de la cible) : les réseaux sociaux nécessitent d'abord une stratégie d'écoute des internautes (clients comme non clients), puis une capacité à interagir avec eux et enfin, dans une étape ultime, une démarche commerciale de vente de produits ou de services. Ce saut culturel est parfois difficile à opérer au sein des organisations, et la résistance au changement peut être forte. »

1. Pearson, 2012.

Les écrits de Votre Déco Maison&Jardin

En toutes circonstances mais encore davantage en celle-ci, les maîtres-mots sont l'écoute et le dialogue. Il s'agit d'apaiser la situation tout en maintenant les décisions prises.

La société Votre Déco Maison&Jardin est un site de vente d'objets de décoration pour la maison et le jardin. Son service Relation client doit faire face aux aléas des envois par transporteur tout en respectant les valeurs de confiance, de proximité et d'excellence de la marque. L'e-mail suivant met en scène les valeurs de la marque : le conseiller ne met pas en doute que les articles sont arrivés en mauvais état ; et ne pouvant les remplacer, il a déjà procédé au remboursement des articles.

E-mail de réponse original

« Cher/Chère [XXX],

Vous m'informez avoir réceptionné un article endommagé {article} dans votre commande [vente] et je vous présente toutes nos excuses pour la gêne occasionnée.

Nos stocks étant limités, nous ne sommes pas en mesure de vous proposer un échange.

Aussi, afin d'éviter de nous retourner cet article inutilement, je viens d'effectuer le remboursement du produit concerné pour un montant de [montant] euros. Un remboursement se fait habituellement dans un délai de 3 à 8 jours. Si vous possédez une carte à débit différé, cette transaction sera prise en compte dans les conditions habituelles de vos débits.

J'espère avoir répondu à votre interrogation et reste à votre disposition pour tout complément d'information.

Bien sincèrement, »

Nos commentaires

Le fond : il est toujours pertinent de recontextualiser. Une phrase d'introduction à une réponse négative la fera mieux accepter. Le rédacteur ne s'est pas identifié, ce qui empêche les deux interlocuteurs de se mettre sur un plan d'égalité.

Il est bien aussi d'expliquer l'aspect « remboursement », mais il peut aussi trouver sa place dans un encadré isolé au bas de l'e-mail.

La forme : les paragraphes pourraient être mieux identifiés, ce qui rendrait les explications plus aisément lisibles. La formule de politesse conclusive est convenue et manque d'empathie.

E-mail réécrit

« Cher Jean-Marc,

Dans votre mail du 28 avril, vous nous informez que les lampes de jardin de la gamme Baba que vous avez commandées lors de la vente 20 avril sont arrivées endommagées.

J'ai aussitôt vérifié la disponibilité de nos stocks pour savoir si nous pouvions vous les remplacer. Ces dernières sont épuisées, et nous ne pouvons donc plus échanger votre article.

Nous avons engagé le remboursement complet et immédiat de votre article, sans qu'il soit nécessaire de nous le retourner. Un montant de 60 € sera donc porté au crédit de votre compte dans un délai de trois à huit jours (ou, si vous possédez une carté à débit différée, sous trente à soixante jours).

VOTRE DÉCO MAISON&JARDIN.com vous présente ses excuses pour ce désagrément. Nous espérons pouvoir néanmoins compter sur votre fidélité.

N'hésitez pas à nous joindre pour toute question.

Attentivement

Mariette-Lyne,

Votre conseillère VOTRE DÉCO MAISON&JARDIN.com »

Nos commentaires

L'entreprise se doit d'informer son client dès les premières lignes de la réponse. Cela s'applique ici d'autant plus que la marque est dans l'impossibilité de donner satisfaction à son client.

Dans la présentation des arguments, il est déterminant pour le client de savoir ce que l'entreprise met ou – mieux encore – a déjà mis en place pour essayer de trouver une solution satisfaisante. Le rôle de l'énonciation est déterminant dans les relations de cette nature : il convient donc de multiplier les signes de la conversation avec les pronoms personnels « je, nous, vous ». Les excuses sont présentées en fin de lettre, ce qui s'explique par le fait qu'il était important dans ce cas précis d'assumer le problème rencontré et d'y faire face.

L'entreprise Petiloupiot est une entreprise de vente par correspondance qui vend des jeux et jouets destinés à la petite enfance. Parmi les e-mails de réclamation, celui d'une cliente.

Autre exemple

Le post de la cliente

« Bonjour, j'achète énormément chez vous, surtout les vêtements pour ma fille. Je suis fan !!!

Cependant, je suis très déçue quant à la qualité de vos meubles. J'ai commandé un rangement violet foncé (banc en fer violet avec un grand coussin pour s'y asseoir) en solde à moins 60 % que j'ai eu à 39,60 euros au lieu de 99 euros. Au moment du montage, que de défauts ! ! ! Des barres trop grandes que je ne peux pas mettre, des crochets pour maintenir une grille tout tordus ! ! ! Je ne peux même pas terminer le montage de ce banc ! ! ! Suite à un appel ce matin à vos services, je dois recevoir un appel du service client sous 48 heures, mais je suis très déçue car ce n'est pas la première fois que je rencontre des soucis au niveau du montage des meubles. Étant bonne cliente, j'espère que le nécessaire sera fait car là le meuble de rangement ne me sert à rien car inmontable !!!. »

Le post de réponse original

« Bonjour Ségolène,

Je suis désolée de cet incident et vous propose d'effectuer une demande auprès de notre service après-vente en contactant notre numéro ci-joint (00 00 00 00 00)

Belle journée,

Emma de PETILOUPIOT »

Nos commentaires

Le fond : la cliente, en recevant cette réponse, aura le sentiment que l'entreprise ne se préoccupe que très modérément de son problème. La cliente n'est pas rassurée et pour ainsi dire livrée à elle-même. Le dysfonctionnement est à peine reconnu par l'e-mail de réponse. Le rédacteur ne témoigne d'aucune empathie.

La forme : les mots sont mal choisis : un tel problème dans la commande ne peut pas être qualifié d'« incident ». La formule de politesse conclusive est mal choisie étant donné le contexte.

Le post réécrit

« Bonjour Ségolène,

Je comprends votre déception. J'en avertis tout de suite le service qualité. Un de leurs conseillers vous appellera très vite. Il veillera à trouver pour vous une solution qui vous satisfera.

Merci de votre fidélité,

Emma de PETILOUPIOT »

Nos commentaires

La première phrase rassure la cliente. La réponse doit montrer d'emblée une empathie forte envers la cliente : c'est ce qu'elle attend dans un premier temps. Son problème est pris en compte et la réponse fait comprendre à la cliente que son cas va être traité prioritairement.

La rédactrice s'implique avec des énonciateurs qui sont nombreux dans ces quelques lignes. Ce qui est bienvenu pour dédramatiser la situation : « je » (deux fois) et « vous » (trois fois).

La formule de politesse conclusive est juste : remercier la cliente pour sa fidélité, c'est la reconnaître comme une cliente d'importance pour l'entreprise. La conversation peut donc reprendre sur un pied d'égalité parce que l'entreprise s'implique.

Les verbes d'action témoignent de la volonté de l'entreprise de trouver une solution : « avertir », « appeler ».

Les pronoms personnels répétés – « je », « il » – renforcent ce sentiment d'implication et d'accompagnement.

La communication de crise

« Dans toute crise, apparaissent des leaders qui savent ce qu'ils ont à faire. »

Xavier Emmanuelli

Contexte

La communication de crise, c'est l'ensemble des techniques et actions de communication mises en œuvre pour lutter contre les effets négatifs d'un événement (accident, pollution, rappel d'un produit, crise sociale…) sur l'image de l'entreprise concernée ou de ses produits.

Dans les grands groupes, la communication de crise nécessite des prises de décision rapides avec la mobilisation d'une équipe de crise et d'un dispositif.

En l'absence de réaction, la crise prend de l'ampleur et il importe que l'organisation réagisse au plus vite pour ne pas laisser la situation devenir ingérable.

Les dirigeants sont assaillis de demandes d'informations concernant l'événement et ses conséquences prévisibles, la désignation des responsables, et des engagements sur l'avenir… alors qu'un diagnostic complet n'est généralement pas encore établi.

Il apparaît alors opportun d'exprimer une certaine compassion pour les victimes éventuelles et de tenter d'assurer leur prise en charge. Relayée par les médias, l'impression de mépris ou d'abandon peut, en effet, avoir un impact considérable. Il est aussi nécessaire de montrer que l'organisation met en œuvre tous les moyens dont elle dispose pour traiter correctement l'événement. Ce traitement peut recouvrir la recherche d'informations factuelles, la mise en œuvre de moyens de sauvegarde ou la mise en place de commissions d'enquête crédibles.

Dans cette phase difficile, la communication doit se faire la plus transparente possible afin de ne pas pouvoir être prise en défaut et risquer de perdre toute crédibilité.

À chaque crise correspond un scénario et un plan de communication sur-mesure. En revanche, la façon d'écrire et de parler sera et est toujours déterminante. Peuvent prendre la parole : les avocats, les experts, les dirigeants, les communicants eux-mêmes. De nombreux publics sont à considérer : les victimes, leurs familles ou les personnes touchées par les incidents survenus, et les partenaires de l'entreprise, les collaborateurs, les consommateurs, les médias. Les écrits de crise sont variés : discours, argumentaires, tribunes, communiqués de presse, vidéos en ligne…

Objectifs

La communication de crise est une activité transverse : elle repose sur des messages et des valeurs qui dépendent de la communication globale mise en place par l'entreprise.

Il est important de fonder sa stratégie de communication sur les valeurs de l'organisation. En période de crise, garder un discours intègre et rendre justice à l'image de l'entreprise est plus que jamais fondamental. L'entreprise doit garder une posture d'autorité, remettre en cause une action accidentelle, mais réaffirmer les fondements de tous ses projets.

Il faut connaître les faits et être prêt à répondre aux questions les plus désarmantes tout en paraissant confiant de la réponse. La communication de crise de l'entreprise doit être :

- rassurante ;
- transparente ;
- inspirée par les bonnes valeurs ;
- vigoureuse dans ses informations et renseignements ;

- claire dans son énoncé ;
- nuancée et user de diplomatie ;
- capable d'offrir des solutions concrètes.

Lorsque survient une crise, la communication interne est le fondement de la communication de crise. Les collaborateurs sont les premiers publics à rassurer et à informer car la motivation et la solidarité des équipes peuvent etre déterminantes dans le déroulement des événements. Savoir s'exprimer en interne garantit une posture et un discours cohérents pour que l'entreprise reste unie et déploie d'une même voix le discours de l'entreprise.

Outils

Une communication de crise se déploie maintenant sur tous les supports. De nombreux interlocuteurs apparaissent : élus sociaux, associations, journalistes, internautes, salariés... tous s'expriment et veulent des explications.

Une crise n'en devient réellement une qu'à partir du moment où les médias s'en mêlent. Désamorcer la crise suppose bien sûr l'élaboration d'un argumentaire, d'un communiqué de presse, puis de tribunes...

Une interview vidéo du président peut être un plus. Dans tous les cas, il est important de faire parler des experts et des dirigeants. Les explications doivent faire face à la raison et à l'émotion.

Enfin, si l'interactivité numérique peut être facteur de scandale ou de dilution d'information, Internet est devenu un canal déterminant de la communication de crise parce qu'il permet de s'adresser à chaque public, via un site dédié, un blog ou sur les réseaux sociaux. Si l'information se répand plus vite, les explications rassurantes aussi. La relation *one to one* et le recueil d'informations régulières et réactualisées sont les clés de la communication de crise : Internet est la clé de la proximité. Pouvoir accéder à des informations que l'on cherche et qui rassurent est essentiel pour l'internaute devenu acteur.

Sur Internet, les vecteurs de communication se multiplient, il est ainsi possible d'adresser des messages de façon ciblée à des groupes choisis. Pour cela, il faut connaître les attentes de chaque communauté, leur vocabulaire : à chaque vecteur d'opinion correspond un message adapté. La spécification est la clé de réussite d'une communication de crise. Attention toutefois, ce n'est pas parce que l'on varie le style de son propos que le message doit varier. Il doit être constamment cohérent et homogène.

Les 10 mots clés de la communication de crise

Adaptation	Fiabilité	Raison et émotion
Coordination	Flexibilité	Transparence
Écoute	Interactivité	
Empathie	Offensive	

Méthode

Posséder une signature sémantique : si votre langage exprime un style, un ton, cela évite à la marque de diluer son identité sur les réseaux sociaux. Une signature sémantique lui donne une voix spécifique et reconnaissable. C'est un atout que de connaître ce qui caractérise vos messages. Vous pouvez ainsi laisser votre trace. Le cas de Sephora est un excellent exemple de communication de crise. Face aux accusations de la CFTC, LVMH (sa société mère) publie un article commun dans trois quotidiens ; son titre donne le ton : « L'emploi menacé aux Champs-Élysées ». L'obligation de fermer le boutique en nocturne « menacerait 45 emplois pour ce magasin qui réalise plus de 20 % de son chiffre d'affaires en soirée ». De son côté, la marque répond à la CFTC par une lettre ouverte pour exposer ses arguments. Sephora a choisi de riposter par une communication pour toucher le plus large public en interne (tous les salariés et en particulier ceux menacés de licenciement) et en externe : c'est un choix réfléchi et pertinent car l'entreprise montre qu'elle est impliquée dans la défense de ses emplois.

Prendre une posture de force : pour mener le débat à tout moment et même lorsque la crise est là, il faut être celui qui installe le débat et en détermine les enjeux. En 2012, lors de la crise liée à l'huile de palme, Nutella a su adopter une posture d'autorité, qui sied à son histoire, et Nutella aurait pu aller encore plus loin…

Posséder une qualité de langage : il faut écrire en ayant réfléchi à ce qui vous donne de l'autorité. Il faut développer des contenus de marque variés : équilibrer des contenus didactiques, créatifs et serviciels, et pas seulement ludiques. La communication de crise n'est que l'aval, mieux vaut constamment prévenir, écrire et occuper le terrain en ayant réfléchi à tout ce que l'on pourrait vous opposer. Volkswagen ose par exemple dire : « C'est grand d'être petit. » Si vous réfléchissez à ce que l'on peut vous reprocher, vous savez comment poser et composer vos propos pour ne pas être pris au dépourvu.

Être conversationnel : sur les réseaux sociaux, la marque doit être conversationnelle à tout moment. Une marque qui ne dialogue qu'en cas de problème est moins crédible, elle paraîtra sur la défensive. Alimenter un débat amical, bienveillant et pérenne avec ses publics est le meilleur pare-feu contre les crises : en cas de difficultés, le lien et la confiance sont déjà bien établis. Attention toutefois à savoir écrire en étant dans une posture de fermeté qui possède confiance et enjouement.

Équilibrer le rationnel et le sensible : par exemple, en situation de crise, on privilégie souvent des réponses d'experts, exclusivement rationnelles, il faut savoir ajouter à parts égales des arguments sensibles, des comparaisons et toucher le public sans qu'il ait besoin de raisonner.

Isoler les cinq meilleures questions des internautes et bâtir des argumentaires : souvent cinq questions reviennent (posées parfois différemment) mais ces cinq questions « périmètrent » l'essentiel de ce qui fonde le discours de la marque en temps de crise. Il faut y répondre avec soin.

Expliquer certains concepts clés pour la marque et l'entreprise, en déployant une captation pédagogique et sensible des mots : la « restructuration », par exemple, est un mot valise qui signifie « plan social ». Que décide-t-on de faire ? Là encore, il faut s'emparer des mots, ne pas nier qu'ils pourront provoquer du mécontentement et plutôt offrir des solutions. Qui dit restructuration dit licenciement. Être dilatoire serait faire durer la crise. Il faut plutôt expliquer de façon adulte toutes les mesures sociales qui vont permettre, face aux licenciements, d'offrir des solutions de formation, de mobilité à des hommes et des femmes auxquels on décide de parler avec justesse et au bon moment.

Ne jamais censurer les contributions des internautes : il faut privilégier l'efficacité et la personnalisation des réponses, plutôt que les explications longues, périlleuses et justificatrices, faire face de façon concrète aux questions posées avec rapidité et efficacité.

Le langage de crise doit être une langue de preuves, de vérité : la langue de crise doit savoir parfois reconnaître qu'elle ne sait pas et qu'il faut attendre. Quand les décisions sont dans les mains des juges et avocats, toutes les réponses ne peuvent pas encore être données aux médias. La langue de crise, c'est savoir rappeler que le temps médiatique numérique n'est pas le temps juridique. Pour ce faire, il est bon de rappeler des cas où les jugements ont été hâtifs ou quand la justice a su tirer le vrai du faux avec profondeur et sagacité. À une nuance près, tout est question de langage. Faire émerger un cas qui rappelle le public à l'ordre, un cas qui ne s'est pas terminé comme on l'aurait cru, peut calmer tous les esprits. Prenons le cas de L'Oréal. Une fille de déportés juifs allemands reproche à L'Oréal d'avoir profité, à Karlsruhe, d'un terrain dont sa famille a été spoliée en 1938. Ce terrain acquis par la société en 1954 accueille aujourd'hui le siège allemand de L'Oréal. Selon la plaignante, le groupe ne pouvait ignorer qu'il s'agissait d'un bien ayant appartenu à des juifs spoliés. Cette affaire contestée juridiquement par L'Oréal ne restera pas lettre morte et sera jugée. Face à cette polémique, L'Oréal conteste juridiquement les faits et sa stratégie de gestion de la crise est sans faute.

Faire des flash-backs après les crises : concevoir des flash-backs réguliers permet de redéfinir comment nombre de débats et de rebondissements pendant des crises vont être mal posés et souvent « twistés », voire « déformés ». Présenter des flash-backs qui reposent les vraies questions, c'est faire confiance à l'internaute qui sait fouiller, relire, essayer de comprendre voire revenir en arrière et s'interroger.

Cocréer et entretenir un storytelling collaboratif, avec la clientèle et les collaborateurs de l'entreprise. Lors d'une crise, la « communauté » pouvant relayer le discours de communication de crise est déjà en place. Par exemple, si une marque collaborative comme B&You connaît un épisode de crise, elle pourra compter sur ses propres clients pour la défendre en ligne ! Certains clients sont si proches de la marque qu'ils participent à des réunions les associant aux collaborateurs de la marque. Ils peuvent faire état de mécontentements, voire proposer des innovations ou dire la réalité de ce qu'ils ont vécu.

Le communiqué de presse

Qu'est-ce que c'est ?

Le communiqué de presse est un outil qui informe rapidement et touche simultanément un grand nombre de journalistes. C'est un exposé factuel écrit avec des phrases brèves et contenant une information concrète. Le communiqué de presse présente le plus souvent une actualité.

Attention ! Votre communiqué de presse risque de ne pas être lu… En effet, les journalistes reçoivent des communiqués de presse par dizaines, souvent aujourd'hui sous un format numérique. Le vôtre risque de disparaître parmi ses semblables.

Posez-vous la question : le communiqué de presse est-il toujours le bon moyen d'atteindre les journalistes ?

Comment le rédiger ?

Rédiger un communiqué de presse implique de respecter quelques grandes lois. Son contenu comprend tout d'abord trois grandes parties :

- un premier paragraphe expose les faits et répond aux cinq grandes questions de la communication : qui, quoi, quand, où et pourquoi ? Il contextualise l'information ;
- le deuxième paragraphe développe les faits et explique ce que l'on attend de cette information. Ce paragraphe entre dans l'action ;

- le troisième paragraphe lie les faits à la politique, la vie et la stratégie de l'entreprise. Il prend en compte ses dimensions, les causes et les conséquences des faits sur l'entreprise. La mention d'un porte-parole peut y être nécessaire.

Nos conseils

- Donner un titre : il doit être court et incisif pour retenir l'attention.
- Hiérarchiser l'information : l'information principale doit tenir dans le premier paragraphe. Les paragraphes suivants servent à développer les points essentiels, par ordre décroissant d'importance.
- Soigner la rédaction : elle doit être factuelle et comporter des phrases simples et courtes. Informations objectives sans commentaires. En cas de citations de personnes, il est important de préciser le prénom et la fonction. Essayer de condenser l'information sur une seule page. En cas d'information abondante, il vaut mieux joindre en annexe les renseignements complémentaires.
- Personnaliser le communiqué : pour faciliter toute demande de renseignements complémentaires, le journaliste doit y retrouver les coordonnées de l'entreprise et d'éventuelles filiales en lien avec l'information communiquée et, bien évidemment, le nom du « contact presse » avec son numéro de téléphone direct, son fax et son adresse e-mail.
- Numéroter les pages.
- Si des annexes sont jointes, l'indiquer.

Un communiqué de presse doit accrocher rapidement l'attention sur l'information principale, être complet et concis à la fois, mettre en évidence les conclusions. Il doit être écrit dans une langue directe et simple et éviter tout jargon.

Sa structure, très codifiée, répond à des normes précises. Les mentions à faire figurer sont :

- en haut au centre, « Communiqué de presse » ;
- en haut à droite ou à gauche, la date de rédaction ;
- la date à laquelle le communiqué pourra être publié (« Pour diffusion immédiate » ou « Embargo jusqu'au jj/mm à xxhxx ») ;
- en haut à gauche ou à la fin, le nom, l'adresse, le téléphone, le fax et l'adresse électronique du signataire et un contact pour des informations supplémentaires.

Le corps du communiqué doit s'offrir en quelques paragraphes. Il va à l'essentiel et enchaîne les idées selon une logique autour des questions suivantes : quoi (faits), comment et pourquoi (évolution et déroulement du phénomène, causes), où (lieu concerné par l'événement ou le fait), et après (solutions, perspectives).

Imposez-vous de placer dans le titre des verbes qui possèdent un sens fort et non pas des verbes passe-partout comme « faire, être, avoir, gérer, réaliser ».

Pour articuler vos paragraphes, les connecteurs – c'est-à-dire les mots de liaison – sont une aide précieuse. Ils peuvent être logiques, chronologiques, de conséquence, de condition, de comparaison, de conclusion.

Le communiqué de presse se termine éventuellement par un bref paragraphe qui présente votre entreprise. Les contacts presse doivent y figurer avec au moins un nom, un téléphone, une adresse mail, un site Internet (en lien hypertexte).

Une fois le communiqué distribué, le travail relationnel commence : il est bon de prendre contact pour s'assurer que le journaliste l'a reçu et lui demander s'il a des questions. Attention ! Un communiqué de presse n'est pas une annonce adressée à un organe de presse.

Un communiqué de presse peut prendre différentes formes :

- classique : l'information presse,
- institutionnel,
- nomination,
- produit,
- événementiel,
- crise.

Nouveau suicide chez France Télécom :
le gouvernement doit assumer son rôle d'actionnaire

« Le Parti socialiste de la Gironde fait part de sa vive émotion après le nouveau suicide survenu à France Télécom, ce mardi 26 avril, sur un parking de Mérignac. Il s'associe à la douleur de la famille et tient à témoigner sa solidarité à l'ensemble du personnel de l'entreprise.

Malgré les récentes annonces de changements de management au sein du groupe, et ce après que les syndicats ont dénoncé à plusieurs reprises les pressions exercées sur les salariés à l'occasion de la restructuration du groupe et des changements de métiers, le PS pointe à nouveau ces méthodes de direction inacceptables dans le seul intérêt d'une rentabilité financière au mépris du respect de la personne humaine.

Le PS appelle par ailleurs à ce que toute la lumière soit faite sur ce tragique événement afin que le personnel retrouve au plus vite un cadre de vie au travail sûr et sain.

Ludovic Freygefond, Premier secrétaire fédéral du PS en Gironde, a par ailleurs interpellé le gouvernement quant à sa responsabilité de s'opposer à cette logique de rentabilité financière destructrice, l'État étant un actionnaire important de l'entreprise.

Ludovic Freygefond, Premier Secrétaire Fédéral
Cécile Boucard, Secrétaire fédérale chargée de l'emploi, économie et entreprises
Philippe Barbe, Secrétaire fédéral chargé des relations avec les syndicats et associations »

Nos commentaires

Le fond : la contextualisation est claire. Les arguments rationnels et sensibles semblent associés de manière efficace et sobre. Le choix des termes évoque davantage le champ sémantique d'un tract syndical. Il devrait traduire la difficulté de la situation avec sobriété et nuance. Rien n'est implicite ni nuancé dans ce communiqué de presse.

Le choix des connecteurs est peu pertinent parce que redondant.

L'annonce d'un suicide au travail est une situation tellement délicate que la qualité de l'écriture devient encore plus déterminante. Derrière les mots on ne distingue que l'empathie. Écrire avec nuance est un art.

Les ressources humaines pourraient être interpellées, on pourrait proposer des rencontres, des échanges pour comprendre, sensibiliser le management, offrir des réponses.

La forme : le titre est trop long. Les phrases sont très longues également, elles font parfois plus de quatre lignes (66 mots dans le deuxième paragraphe). Pas de mise en valeur du chapô. Aucun contact n'est disponible en fin de document. On ne le date pas.

L'exercice du communiqué n'est pas respecté. L'argumentation est mal organisée. On ne distingue aucun parcours du sens. La vraie demande se fond dans le développement, elle apparaît seulement dans le troisième paragraphe. Les cinq questions de Lasswell sont absentes.

Nutella et l'huile de palme

La marque Nutella, créée en 1964, appartient au groupe italien Ferrero. Nutella domine le marché mondial de la pâte à tartiner. Nutella n'est pas n'importe quelle marque, elle bénéficie d'une « cote d'amour » très élevée en France, à tel point que 80 % des personnes n'achèteraient pas une autre marque de produit à tartiner si Nutella n'était pas disponible. Ce fait est à prendre en compte dans l'analyse de la crise.

Le 7 novembre 2012, la Commission des affaires sociales du Sénat a adopté un « amendement Nutella » au projet de budget de la Sécurité sociale qui vise à augmenter de 300 % la taxe sur l'huile de palme, laquelle entre à hauteur de 20 % dans la composition du Nutella. Quelques heures plus tard, le Sénat rejette le projet de budget de la Sécurité sociale, l'« amendement Nutella » semble donc évacué, mais un député le reprend à son compte lors du réexamen de la loi de finances de la Sécurité sociale à l'Assemblée nationale. Le 21 novembre, la Commission des affaires sociales de l'Assemblée nationale rejette l'amendement.

La réponse de Ferrero ne s'est pas fait attendre puisque vendredi 16 novembre paraissait dans la presse quotidienne (*Le Figaro* et *Le Parisien*) un publi-reportage en double-page avec pour accroche : « *Nutella, c'est délicieux, mais pourquoi y a-t-il de l'huile de palme ?* » En parallèle la marque a aussi créé un site consacré à la crise, qui justifie les choix de la marque et présente dans le détail les ingrédients de la pâte à tartiner la plus célèbre au monde. On y apprend même la provenance des noisettes qui font la force de ce produit. Néanmoins, n'oublions pas que l'huile de palme représente entre 20 et 30 % du produit fini. (13 % pour les fameuses noisettes !).

Le combat est d'importance pour Ferrero car la France représente à elle seule un quart de la consommation mondiale de

Nutella. Dans ce communiqué, la marque italienne revendique son objectif d'atteindre en 2015, le chiffre de 100 % d'huile de palme durable, respectant l'environnement et les hommes.

Pour Nutella, il s'agit de convaincre que l'huile de palme n'est pas nocive pour la santé.

« L'huile de palme n'est pas dangereuse pour la santé. »

« L'huile de palme possède des vertus nutritionnelles non négligeables. »

« Le Nutella est bon pour la santé s'il s'inscrit dans une alimentation équilibrée. »

Les cibles de cette communication sont : les députés en premier lieu (communication en double-page dans une série de journaux au plus fort de la crise), les consommateurs et les investisseurs.

Sur le site consacré à la crise

Lancé durant la crise, le site Nutellaparlonsen.fr réagit de manière instantanée à la crise de l'huile de palme. Fortement pédagogique, le site déploie des contenus au registre explicatif. Nutella possède la bonne posture : pas de justification, mais au contraire la réaffirmation d'une posture d'autorité distillée par des éléments de preuves.

Nos commentaires

Le fond : on discerne trois axes de discours :

- relativiser « *Si aujourd'hui elle est controversée, c'est que globalement, en France, on consomme trop d'acides gras saturés. L'huile de palme en contient 50 %, c'est-à-dire qu'en termes de matières grasses, elle a un profil nutritionnel proche de celui du beurre* » ;
- prendre du recul : « *Or, au regard des consommations alimentaires globales, les premiers contributeurs en acides gras saturés dans notre alimentation sont le beurre, la charcuterie, le fromage* » ;

- faire appel à des études scientifiques : « *L'huile de palme n'est pas dangereuse pour la santé. C'est également le point de vue que défend le Centre international de recherche agronomique pour le développement (www.cirad.fr) qui souligne qu'« il n'existe pas de "bonne" ou "mauvaise" huile », tout est une question d'équilibre.* »

La forme : le ton est explicatif. La rubrique FAQ permet de démontrer point par point que l'huile de palme est inoffensive. Nous sommes dans un registre factuel, le discours est clair et convaincant.

Les graphismes sont chaleureux, les images belles, l'accent est mis sur l'aspect « nature » et « frais ».

La marque utilise sa typographie familière : l'effet est très rassurant pour les clients.

Sur Facebook

Nutella s'attache à anticiper des questions qu'on pourrait lui poser :

« Pourquoi Nutella contient-il de l'huile de palme ?
Nutella est composé d'huile de palme à hauteur de 20 %. C'est l'huile de palme qui, depuis 40 ans, garantit l'onctuosité et la stabilité uniques de la recette. L'onctuosité car c'est une huile solide à température ambiante. La stabilité car elle résiste à l'oxydation et donc au rancissement. »

Lorsqu'une internaute manifeste une répulsion sur Facebook :

« BEEEEEEEEEEEEERRRRRRRRRRRRRRKKKKKKKKKKKKKK !!!!! Bourré d'huile de PALME !!!!! Excellent pour obésité ! Si...si...si !!! »

La réponse de Nutella est :

« Nutella est un produit plaisir mais s'il est associé aux bons produits comme un produit laitier ou un fruit, il peut s'inscrire dans le cadre d'une alimentation équilibrée. »

Autre exemple :

« Non le pauvre Père Noël, cela ne m'étonne pas qu'il soit obèse avec la quantité de graisse de palme qu'il y a dans ce produit de quoi te boucher les artères pour trois générations ahahahahha »

Réponse de Nutella :

« Nous tenons à vous rassurer, le Père Noël n'a rien à craindre. L'huile de palme en soi ne représente aucun danger. En effet, de nombreux travaux scientifiques établissent sa neutralité sur le métabolisme dans le cadre d'une alimentation équilibrée. Si cette huile est controversée c'est que globalement, en France (ainsi qu'au pôle Nord), on consomme trop d'acides gras saturés. De nombreux experts le confirment y compris ceux du CIRAD, ils soulignent qu'« il n'existe pas de "bonne" ou "mauvaise" huile ». http ://www.cirad.fr/actualites/toutes-les-actualites/articles/2010/science/huile-de-palme-et-idees-recues »

Nos commentaires

Le fond : les attentes du client sont placées au centre, elles sont prises en compte. Un langage direct qui touche sa cible, mais sans condescendance. Le champ lexical utilisé est celui de la nutrition professionnelle. Nutella sait développer une posture d'autorité qui rassure et ne se justifie pas.

La forme : le ton est neutre, sobre, avec une touche de convivialité. Pas de censure des commentaires. Les réponses sont personnalisées. En revanche, on remarque que le discours est mal adapté au format Web, qu'il n'y a aucune connivence créée par la marque : le décalage entre le discours du consommateur et celui de la marque est parfois trop fort. Savoir répondre à une attaque, c'est convaincre bien sûr, mais également persuader l'interlocuteur. Nutella convainc mais ne touche pas. Le discours de la marque ne transmet pas les valeurs et l'identité de la marque : joie de vivre, convivialité, force, vitalité.

Sur Twitter

Le 3 décembre, Nutella cite des experts et des articles référents :

« Nutella parlons-en

D'après le docteur Jean-Michel Lecerf, l'huile de palme a des « qualités nutritionnelles intéressantes » : v/@ouestfrance.ow.ly/fM6EV. »

Nous sommes en présence d'une communication de crise, avec une posture d'autorité de la part de la marque qui cherche à rassurer, qui essaie de créer aussi un appel à la science en soutien.

Pour aller plus loin, Nutella aurait pu privilégier ou renforcer les aspects suivants : Nutella est une marque qui bénéficie d'un fort capital de sympathie, et est investie d'une valeur affective forte, liée à l'enfance. La marque s'adresse donc à un public qui a déjà une opinion très positive à son sujet, et qui ne demande, au fond, qu'à croire son discours.

C'est pourquoi son discours un peu distant, étayé de preuves nutritionnelles et diététiques, pourrait être relayé aussi par un ton un peu plus convivial, surtout sur les réseaux sociaux. La force des arguments n'y perdrait rien, elle serait toujours mise en avant, mais davantage d'humour et de convivialité pourrait mettre en valeur la bienveillance de cette marque patrimoniale.

Peu d'analogies et de métaphores avec d'autres sujets vont être trouvées. Un style plus convivial permettrait aussi à Nutella de persuader, et non plus seulement de convaincre.

Ainsi on aurait pu écrire :

« À t-on le droit de se faire plaisir ? Oui.

Veut-on faire passer la gourmandise pour un péché ? Oui.

Nutella est un produit sain. On peut donc décider de manger sain et riche.

N'est-ce pas le cas du foie gras ? »

Les défenseurs des animaux, par exemple, ont su lancer le débat et faire culpabiliser les consommateurs de foie gras.

La lettre délicate

Qu'est-ce que c'est ?

En cette ère de nouvelles technologies à tout-va, où la notion de temps semble elle-même aller à vau-l'eau, s'installer devant son clavier (ou pis encore, saisir sa plume !) en vue de rédiger une missive peut apparaître une activité d'un autre âge. À l'heure où le corps enseignant éprouve les plus grandes difficultés à dispenser quelques rudiments de connaissances, et à chasser le langage « texto-mania » des dissertations, d'aucuns clament déjà la lettre morte et enterrée. Et pourtant…

Et pourtant, comme la photographie numérique contribue à redorer l'image de l'argentique, comme l'ordinateur a, contre toute attente, redynamisé les antiques coutumes épistolaires pour des écrits délicats, des moments particuliers d'échange, ces textes font un véritable come back.

Le coup de téléphone bien nommé, l'e-mail sitôt lu sitôt supprimé, le fax à l'encre volatile, le texto éphémère ne peuvent remplacer la délicatesse de l'argumentaire ni celle d'une lettre.

Comment la rédiger ?

Écrire une lettre aujourd'hui, c'est :

- faire preuve d'une considération particulière pour son destinataire ;
- poser sur le papier le fruit d'une réflexion aboutie (contrairement à l'instantanéité d'autres supports) ;
- offrir au destinataire l'opportunité d'un temps de réflexion pour répondre ;
- personnaliser avec le plus grand degré de précision les informations transmises ;

- entamer ou consolider une relation privilégiée, parce que relativement intimiste, avec son interlocuteur ;
- montrer qu'on lui offre du temps.

Il s'agit cependant d'user justement, avec parcimonie, de la lettre. Parmi les quelques points à souligner, on retiendra ceux-ci :

- une lettre n'est ni un roman ni une note. En termes de longueur ou de concision par rapport au développement des propos, il faut donc trouver le bon équilibre. Idéalement, une lettre compte entre une et deux pages, format A4 ;
- une lettre, comme tout écrit, ne se rédige pas d'un trait. Elle doit être précédée d'un brouillon, voire d'un plan. On soignera particulièrement la présentation générale (police, taille des caractères, ponctuation, orthographe, aération des paragraphes) ;
- au moment de passer à la rédaction de la lettre, au moment où l'on synthétise tout le travail de recherche effectué, il s'agit à nouveau de se reposer les bonnes questions.

  Ces questions sont essentielles, car le travail long et minutieux d'enquête peut parfois faire oublier le propos majeur ou la demande initiale.

  1. Quel est l'objet du courrier ?
  2. À qui s'adresse-t-il ? Quel est l'état d'esprit du destinataire ?
  3. Quelle est la demande principale formulée initialement par celui à qui l'on répond ?
  4. Le travail d'enquête fait-il ressortir des attentes secondaires, implicites ou explicites ?
  5. Quelles sont toutes les informations à transmettre, quels sont les meilleurs arguments à sélectionner (selon le point de vue de la personne concernée) ?
  6. Quelle est l'information prioritaire, quel message majeur le lecteur doit-il retenir ?
  7. Quelle valeur ajoutée, quelles marques d'empathie est-il possible d'ajouter au courrier ?

Le recueil de l'information impose, dès le départ, de se poser les bonnes questions. À ce stade, on doit comprendre quelle est la préoccupation principale du destinataire et l'état d'esprit dans lequel il se trouve.

C'est à partir de ce point que va débuter le travail d'enquête : celui du recueil de l'information. Il se fait directement auprès de la personne impliquée mais aussi auprès de toutes les parties impliquées et qui permettront de résoudre le problème rencontré : collègues, managers, RH, service juridique…

Une lettre délicate à rédiger peut être destinée à une direction de cabinet, un groupe, un ministère, à propos d'un contentieux dont les conséquences sont plus ou moins grandes. Une lettre délicate peut aussi être la lettre d'excuse d'un député qui a dû annuler une manifestation au dernier moment…

La structure de la lettre est susceptible d'aider à traduire la posture et le ton de la marque de l'entreprise.

Sans être une règle fixe à appliquer de manière rigide, ce plan-type, déjà présenté dans le chapitre écrit de la relation client (CRM), offre un double avantage :

- en donnant la réponse ou la décision le plus rapidement possible, après la reformulation de la demande ou la marque éventuelle d'empathie, on répond avec justesse et concision à la demande ;
- l'émetteur du courrier adopte donc une posture d'autorité : d'abord la décision, puis les arguments qui l'expliquent.

Marque d'empathie éventuelle selon la situation

La décision/l'information principale traitée

Argumenter/Expliquer

Valeur ajoutée éventuelle selon la situation

© Institut de la qualité de l'expression

Un modèle de lettre

Avant

« Dans votre courrier en date du 1er juin dernier, vous attirez mon attention sur le manque de nettoyage de la gare de Toulouse.

Je tiens à vous préciser que, dès le mercredi 15 juin, les agents de nettoyage ont tous repris le travail et ont remis progressivement les gares en état.

Sachez également que depuis le début de la grève de l'entreprise de nettoyage, le 10 mai dernier, Midi Luce a tout mis en œuvre pour réduire les nuisances.

Toutefois, je regrette cette situation qui induit de forts désagréments en gare pour la clientèle comme pour nos agents.

Je vous assure également que notre directeur des lignes et moi-même suivons de près l'évolution des dossiers qui touchent au fonctionnement de votre gare. »

Après

« 1 – Dans votre courrier en date du 1er juin dernier, vous attirez mon attention sur le manque de nettoyage de la gare de Toulouse.

4 – Je regrette vivement cette situation qui induit de forts désagréments en gare pour la clientèle comme pour nos agents.

2 – Dès le mercredi 15 juin, les agents de nettoyage ont tous repris le travail et ont remis progressivement les gares en état.

3 – Depuis le début de la grève de l'entreprise de nettoyage, le 10 mai dernier, Midi Luce a tout mis en œuvre pour réduire les nuisances.

5 – Je peux également vous assurer que notre directeur des lignes et moi-même suivons de près l'évolution des dossiers qui touchent au fonctionnement de votre gare. »

Nos commentaires

Le fond : savoir mettre en scène son discours révèle la virtuosité du rédacteur. Dans les deux lettres ci-dessus, la première version, « avant », paraît autoritaire ; la seconde, « après », témoigne, à l'inverse, d'une certaine empathie.

La forme : pourtant, les informations sont rigoureusement les mêmes ; seul l'ordre change.

Deux modèles de lettre

Les deux lettres ci-dessous sont ensuite commentées par l'Institut de la qualité de l'expression.

Elles ont été choisies parce qu'elles transmettent des situations différentes qui réclament une attitude spécifique. Elles sont des modèles.

« Messieurs,

Répondre à l'appel d'offres pour l'Agence régionale de santé est pour nous l'occasion de réaffirmer la fierté d'une relation de confiance construite au fil des années, mais aussi notre volonté d'accompagner les prochaines étapes de votre mission.

Au cours de ces deux dernières années, nous avons développé un véritable partenariat avec l'ensemble des équipes opérationnelles de votre agence en France. Nous avons noué avec la direction générale et le Conseil scientifique des liens fondés sur une transparence essentielle à la réussite de notre mission.

Cet appel d'offres représente une opportunité : il nous permettra de repenser nos services, vérifier leur adéquation à vos attentes, et ainsi de mieux répondre à vos enjeux. Nous vous proposons aujourd'hui le choix d'un changement réfléchi grâce à la compréhension intime que nous avons de votre organisation. Pour la communication de l'Agence régionale de santé, c'est la garantie d'une évolution en toute sécurité, sans rupture.

Vous savez probablement qu'entre les grands cabinets de communication, les similitudes l'emportent sur les différences. Le véritable facteur différenciant réside dans les modalités d'exécution et les facultés de faire qui reposent sur les consultants, leurs équipes et le réseau sur lequel ils s'appuient.

Notre équipe essaie d'allier expérience et stabilité, réactivité et pragmatisme, compétence et expertise sectorielle. Ces aptitudes veilleront à garantir notre capacité à tenir nos engagements. Elles s'enrichiront demain de l'arrivée de nouveaux consultants spécialisés en linguistique et du regard neuf qu'ils porteront sur le langage de votre agence.

Intégrité, compétence, capacité d'écoute et créativité : telles sont les qualités qu'il faut rechercher chez un intervenant en communication. Il est aisé de les nommer, mais on ne peut réellement en mesurer et apprécier l'importance que dans les circonstances exceptionnelles qui jalonnent la vie des institutions et structures.

Nous pensons que vous avez pu juger, au cours des deux dernières années avec les missions que nous avons réalisées, que nous possédions ces expertises.

Ce constat ne saurait justifier quelque suffisance de notre part. Au contraire, il renforce notre souhait de servir votre organisation avec une expertise et un enthousiasme renouvelés.

Nous espérons vivement avoir demain l'honneur de vous accompagner et de mettre en œuvre notre savoir-faire et notre détermination à votre service.

Nous vous prions d'agréer, Messieurs, l'assurance de notre parfaite considération.

Pierre Jouanne
Prosper Perreira »

Paris, le 20 octobre 2010

« Madame le Ministre,

Si je me permets de vous écrire, c'est que l'actualité illustre l'urgence que vous signalez dans votre livre : "L'urgence est là, parce que la crise où nous nous trouvons est avant tout une crise du sens, c'est-à-dire une crise de direction".

Au cours de notre soirée du 21 septembre, l'un de vos invités a d'ailleurs suggéré la nécessité de reconstruire des formes de rituels civiques pour cimenter la nation. Dans votre propre ouvrage, vous évoquez une idée plus profonde : la nécessité, à l'heure où l'histoire se décompose, de recréer, dans un pays de la diversité, une nouvelle mémoire collective qui constituerait un socle minimum commun.

Je me demande cependant si les échanges, pourtant riches, de ce dîner vous ont totalement satisfaite. Pour une bonne partie, ils se sont composés d'un "jeté de mots". Le débat auquel vous nous aviez conviés était dense et ne pouvait se résoudre en un temps si court. Mais vous le saviez.

Chercher la juste et nouvelle direction dans un monde que vous analysez avec simplicité mais acuité dans votre livre soulève des enjeux fondamentaux que vous indiquez :

À l'heure de l'explosion des frontières, quels sont les nouveaux enjeux internationaux qui s'imposent ?

Comment fonder le nouveau langage numérique républicain ?

Quelle peut être la recherche d'un espace international technologique de délibération et de décision ?

Comment peut-il être en même temps relié à un droit à l'oubli ?

Quand l'ère de la quantité et de la production est inattentive au partage, la diversité deviendrait-elle un combat ?

Les idées et leurs fondations doivent être d'abord travaillées, soupesées, sculptées avant que les mots et les images ne viennent. Quels sont les moments de mémoire communs à recréer ? Quelles sont les parts d'informations et d'idées nouvelles à trouver et à relier à chaque public ? La génération "Y" vit à court terme dans une logique de résultats, ne recherche pas l'autorité, croit aux compétences, et s'organise en réseaux. À l'inverse, les seniors aiment le cadrage et la pédagogie. Ils attendent tout "du haut".

Je n'ai cessé d'écouter tout ce qui se passe avec plus d'attention encore depuis ce dîner. Vous retrouver un jour pour une conversation plus posée, en un cercle plus restreint, avec des travaux à analyser, me plairait.

Il faut en effet nourrir aux frontières de ce monde qui se décompose les nouvelles donnes. Car il y en a. Le langage jouera son rôle dans tout cela. Il pousse plus loin la pensée dans ses retranchements et aide à la formuler, à l'affiner, à la véhiculer. Mais les pensées doivent être là et coexister.

Et il est vrai qu'avec de nouvelles idées, justes, évoquées par des images et des mots choisis, malgré tout, ces enfants de la crise pourraient connaître, eux aussi, bientôt, la renaissance d'un grand rêve politique.

Veuillez croire, Madame le Ministre, à ma vraie considération.

Constance Fabert »

Nos commentaires

Dans une lettre délicate, on écrit à un interlocuteur pour attirer son attention, expliquer une situation, convaincre, présenter des excuses… D'une manière générale, ces lettres doivent posséder le sens de la nuance, un vocabulaire fort.

Le fond : les grands principes communs sont la clarté de l'expression, ces lettres visent à convaincre et à ménager l'interlocuteur. Bien qu'elles soient claires, elles possèdent précision et un vocabulaire choisi.

La forme : les introductions varient et visent à mettre le lecteur en situation par le biais de phases d'attaque variées : « Répondre à l'appel d'offres est pour nous… ».

Les formules de civilité sont soignées et respectueuses.

En guise de postface… le cloud computing

Pour finir, nous avons interrogé un expert du « cloud computing », qui réclame le déploiement d'un discours propre et ciblé. La dématérialisation des données fait peur, il faut savoir rassurer l'utilisateur.

Le cloud computing est appelé en français « l'informatique en nuage ». On parle aussi de « services infonuagiques ». Il consiste à stocker sur des serveurs distants, externes, des données de tous types – documents, logiciels, applications, photos, vidéos… Dans les entreprises, ces données sont habituellement stockées sur les serveurs locaux de la société et, parfois, sur les ordinateurs des postes de travail. Chez les particuliers, ces données sont enregistrées sur les ordinateurs personnels, les smartphones… Le cloud computing consiste à dématérialiser et à crypter ces données, puis à les enregistrer dans les serveurs de « data centers » spécialisés dans la conservation de ces informations. Ce service est en plein essor.

Selon le National Institute of Standards and Technology, agence fédérale américaine, « l'informatique en nuage est un modèle pratique, à la demande, pour établir un accès, par le réseau, à un réservoir partagé de ressources informatiques configurables, c'est-à-dire un réseau, des serveurs, une plateforme de stockage, des applications et des services. Ces ressources informatiques sont mises à disposition en minimisant les efforts de gestion ou les contacts avec le fournisseur de service ».

Cette externalisation des données numérisées via le « cloud » permet aux entreprises comme aux particuliers, qui produisent de plus en plus de données, de pouvoir les conserver à moindre coût, de manière sécurisée. En effet, les capacités de stockage des professionnels comme des particuliers ne suffisent plus à faire face à l'inflation de ces informations. Ces données produites en masse, les « big data », ont donc besoin du cloud computing pour être conservées et exploitées.

Il existe un enjeu stratégique autour de la localisation des data centers du cloud computing : dans quel pays se trouvent-ils, et quelle législation s'applique à la protection de ces données ? D'où les efforts de l'Union européenne et notamment de la France, pour développer un cloud computing stocké en UE ou « made in France », et non outre-Atlantique, où sont localisés les principaux fournisseurs de cloud, comme Amazon. Cet enjeu concerne particulièrement les industries stratégiques comme l'armement.

Trois questions... à Benedetto Roccasecca, directeur Stratégie chez Orange

Comment faites-vous connaître le cloud computing, un thème neuf en France ?

Neuf en effet, les mots « nuagique » ou « infonuagique » ne sont pas encore passés en français... Orange s'adresse en général à trois groupes différents avec des discours adaptés. D'abord, le groupe des comités exécutifs : on lui épargne les problématiques techniques en se concentrant sur les enjeux business ou l'efficacité opérationnelle. Ensuite les directions des systèmes d'information (DSI) : une révolution culturelle peut être nécessaire, car le cloud computing peut être perçu comme une perte de contrôle de tout ou partie du système d'information. Enfin, le troisième groupe, celui des « utilisateurs finaux ». Le cloud étant normalement conçu pour une adoption et une prise en main faciles par l'utilisateur, l'enjeu est plutôt celui de la

.../...

…/…

formation/communication pour qu'une communauté suffisamment grande d'utilisateurs s'approprie le nouveau service en mode « collaboratif », seul réel gage de l'efficacité opérationnelle.

Quel est votre message principal par rapport aux appréhensions du client ?

Le cloud computing n'est pas une révolution technologique en soi – les techniques étaient déjà présentes pour la plupart –, c'est plutôt l'usage, le mode de consommation qui change la donne. Le cloud réalise d'une certaine manière la promesse de l'« entreprise flexible » lui permettant de s'adapter en temps quasi réel à son environnement client-fournisseur, par l'ajustement permanent des ressources informatiques à la chaîne de production. Pour le grand public, l'appropriation du « nuage » se fait en trois phases : d'abord, la dématérialisation des supports physiques (documents administratifs, photos, vidéos…) qui sont numérisés. Ensuite, la mise en place d'un accès universel sécurisé à partir de n'importe quel terminal (ordinateur, tablette, smartphone…) et la mise en œuvre d'un partage collaboratif de ces « documents » avec des membres autorisés. Enfin, les applications permettant de travailler sur ces documents (éditeurs de texte, tableurs, retouche de photos…) qui n'ont plus besoin d'être installées sur la machine de l'utilisateur ; c'est un nouveau modèle de consommation des applications appelé « Software as a Service ». Notre mission consiste donc à éduquer, à dédramatiser cette nouvelle technologie en insistant sur la simplicité de l'utilisation.

Les deux points à traiter en priorité sont la sécurité et le retour sur investissement (RoI), ces deux facteurs étant opposés l'un à l'autre car la résolution du problème sécuritaire passe actuellement par des solutions de cloud dites « privées » ou « hybrides », économiquement moins intéressantes que le cloud dit « public ». Malgré tout, ces solutions hybrides contribuent à augmenter la taille du marché et donc à faire baisser les prix. Enfin, pour contrer l'avance prise par les États-Unis et le risque de fuite de données à l'étranger, les Européens ont lancé des investissements de cloud « souverain ».

Quels types de contenus de marque déployez-vous pour communiquer ?

Nous avons mis en place quatre blogs, à fort contenu pédagogique : le blog cloud computing, le blog sécurité, le blog usages d'entreprise et le blog relation client, tous enrichis de témoignages de clients et d'avis d'experts. Nous dialoguons beaucoup. La technologie du cloud computing, fondée sur la coopération, est mieux expliquée par le biais du dialogue. La communauté des experts crée le consensus. Orange ne peut imposer sa voix. Mais il faut répondre aux questions. Nous le faisons donc « en mode blog » et grâce

…/…

…/…

aux questions-réponses, sans savoir à l'avance comment l'échange va évoluer mais en jouant le jeu. Nous réalisons aussi des livres blancs pour stimuler les échanges, des notes, des minutes, des comptes rendus de conférences et de manifestations… Tous ces contenus de marque nourrissent les débats.

Cahier de style

Savoir rédiger les écrits de l'entreprise et de la marque nécessite le rappel de certaines notions fondamentales de grammaire, de lexique, de structure, de composition et de style. Voici des méthodes et conseils pour une rédaction efficace et de qualité.

Écriture de la narration

Modalités et formes de phrases

On parle de modalités ou de types de phrases pour désigner les valeurs variées et efficaces dont l'émetteur peut se servir afin d'appuyer son propos en corrélant le fond et la forme. Il peut ainsi indiquer son intention et provoquer une réaction chez le destinataire du message.

La phrase déclarative. C'est la modalité de phrase la plus employée. Elle est utilisée pour transmettre une information neutre, un fait ou des opinions sans exprimer d'intention. Elle est simple ou complexe, affirmative ou négative. Dans le ton, la phrase déclarative s'achève sur une intonation descendante. Exemple : « Longtemps, je me suis couché de bonne heure. » (Marcel Proust, *À la recherche du temps perdu*).

La phrase interrogative. Elle est employée lorsque l'émetteur souhaite poser une question. L'interrogation est dite « totale » si la question amène une réponse de type oui / non (Exemple : Paul est-il là ?), partielle si la réponse attendue est plus large (« Quel est ton plat favori ? »). La phrase interrogative utilise des mots interrogatifs comme des pronoms (qui, que, quoi, lequel… ?), des adjectifs (quel, quelle… ?) ou des adverbes (comment ? pourquoi ? quand). Une phrase interrogative et négative est dite interro-négative (« N'as-tu pas déjà dit cela ? »).

La phrase exclamative. Elle est souvent à valeur déclarative ou impérative, mais on la distingue car elle exprime un sentiment vif de joie, de colère ou de surprise. Exemple : « Quel beau soleil ! » La phrase exclamative verbale est très souvent construite au conditionnel, au subjonctif ou à l'infinitif. Exemple : « Partir ! Partir enfin vers des horizons inconnus ! » (Baudelaire)

La phrase impérative. La phrase impérative est aussi dite « injonctive » car elle a pour intention première de donner un ordre ou un conseil. Mais ce n'est pas son unique rôle. Le locuteur peut en effet vouloir exprimer une défense, une interdiction, un souhait et il utilisera pour ce faire la modalité impérative afin de faire réagir son interlocuteur à ses propos. Il convient donc de ne pas confondre la modalité impérative et le mode verbal impératif. De plus, la phrase impérative se termine bien souvent par un point d'exclamation, il convient alors de ne pas la prendre pour une phrase exclamative. Ainsi, « Range ta chambre ! » et « Il faut se coucher tôt » sont deux phrases de modalité impérative, même si le ton et le sens paraissent bien éloignés. Le verbe est souvent à l'impératif, mais on le trouve aussi souvent à l'infinitif ou à la troisième personne du mode utilisé précédée de « que ». (« Que la fête commence ! »). Une phrase sans verbe peut suffire à exprimer une modalité impérative. (« À gauche ! »). En français, on distingue deux formes de phrases récurrentes : la phrase affirmative et la phrase négative. Certains spécialistes évoquent une troisième forme qu'ils appellent « forme emphatique » pour désigner la mise en relief à l'intérieur d'une phrase d'un syntagme particulier à l'aide d'expression du type « C'est… qui » ou « Voici… que ». Il existe plusieurs moyens de mise en relief. Soit on place en tête de phrase le mot ou groupe de mots à mettre en valeur (« Heureux qui comme Ulysse… » du Bellay), soit on utilise un pronom de reprise (« Lui, il est malin »), soit, enfin, on utilise un présentatif tel que : « c'est… qui » ou « voici… que ». Certaines figures de style fondées sur la répétition, la gradation ou l'hyperbole ainsi construites peuvent aussi servir à renforcer la forme emphatique.

Exemple : « Rome, unique objet de mon ressentiment ! / Rome à qui vient ton bras d'immoler mon amant ! » (Corneille, *Horace*)

Comment donner du style à ses écrits ? En sachant manier les subtilités de la langue.

Le champ lexical. C'est l'ensemble des mots, qui, dans un texte, permettent de développer ou d'illustrer un thème, de caractériser un être ou une chose, de traduire un registre. Différentes catégories de mots (noms, adjectifs, adverbes, verbes essentiellement) peuvent entrer dans un même champ lexical. Ces mots peuvent appartenir à la même famille, ils peuvent être liés par le sens, le thème ou la notion auxquels ils se rattachent, par les images auxquelles ils renvoient.

Lorsque différents champs lexicaux coexistent dans un même texte, ils se complètent ou s'opposent, ce qui crée des effets d'unité ou de contraste qui renforcent le sens du texte.

Le niveau de langage

Le choix d'un niveau de langage permet au narrateur d'adapter son langage à une situation, à ses destinataires et de caractériser un personnage.

On distingue différents niveaux de langage :

- soutenu (vocabulaire et syntaxe recherchés) ;
- connivent (langue qui présente des écarts et des jeux avec le vocabulaire et la syntaxe corrects). Attention à ce que la connivence ne devienne pas familière.

Bannir le langage familier ou relâché des écrits de la marque et de l'entreprise. Le mélange des niveaux de langage crée des effets particuliers : richesse, complexité, contraste.

Le choix du lexique

Le vocabulaire dépend de la forme du discours. Le narrateur peut choisir ses mots en raison de leurs sonorités, de leur longueur, de leur rareté pour traduire le registre de son texte (interpellant, expression d'une certaine gravité). Il peut aussi utiliser des mots d'origine étrangère, pour produire des effets d'exotisme. Il peut enfin créer des mots (néologisme) en le signalant toutefois.

La longueur des mots

Elle rythme la phrase, provoquant essentiellement des effets de ralentissement ou d'accélération. Elle renforce également le sens du texte en créant des harmonies imitatives. Une majorité de mots courts (une ou deux syllabes) permet d'insuffler, selon le contexte, délicatesse ou dureté à la phrase. Une majorité de mots longs (plus de deux syllabes) ralentit ou alourdit le rythme, insiste sur l'importance et la gravité des faits ou des idées énoncées.

La fréquence des catégories grammaticales

La prépondérance d'une même catégorie grammaticale (noms, adjectifs, déterminants, pronoms, adverbes, verbes, prépositions, conjonctions) permet de produire des effets de style.

Une multiplication de verbes souligne le caractère actif d'une scène ; une dominante d'adjectifs enrichit une description ou un portrait par des caractérisations multiples ; une majorité de noms permet de fixer les différents éléments d'une description, d'une évocation ou de souligner le registre d'un texte.

La longueur des phrases

La phrase courte

Elle est économique et présente un condensé de sens. Par sa brièveté, elle met en valeur l'essentiel.

« Je sors. N'ayez pas peur. Je vais revenir. Dormez. » (Victor Hugo, *L'Homme qui rit*)

La phrase longue

Elle permet d'explorer les différents aspects d'une situation ou d'une idée. Construite sur le principe de l'accumulation et la subordination, elle convient à l'analyse et au raisonnement aussi bien qu'à l'expression d'une pensée sensible. Les alternances de rythme peuvent être utilisées dans le langage de l'entreprise qui doit reconquérir de la qualité.

Plus ou moins développée, la phrase permet de jouer sur les rythmes du texte. Elle met en évidence les mouvements de la pensée.

L'ordre dans lequel se succèdent les phrases est significatif. Une phrase longue succédant à une phrase courte ou inversement crée des oppositions à valeur dramatique ou dynamique et cela produit des effets de rythme (accélération ou ralentissement). Ce sont des variations de style que l'on ne retrouve plus assez dans la langue de l'entreprise.

L'ordre des propositions dans la phrase est tout aussi significatif.

« Il voyagea.

Il connu la mélancolie des paquebots, les froids réveils sous la tente, l'étourdissement des paysages et des ruines, l'amertume des sympathies interrompues » (Gustave Flaubert, *L'Éducation sentimentale*).

Nos conseils

Densifier, renforcer et enrichir les messages

Une phrase se compose de deux parties : une première où la tonalité est montante – la protase – et une seconde où la tonalité est descendante – l'apodose – jusqu'au point final. Entre les deux, l'acmé signale le sommet de la phrase.

Dans les discours argumentatifs, explicatifs, informatifs, un juste équilibre entre les deux parties garantit un rythme régulier. Ce rythme assure une meilleure lisibilité qui facilite la mémorisation des propos.

Comment bâtir des phrases qui mettent en valeur le sens ?

Comment créer de la tension, du rythme dans un texte ?

La construction de la phrase

Privilégier les constructions de type : sujet + verbe + complément(s). Par ailleurs, il est préférable de faire suivre le complément d'objet direct du verbe auquel il se rapporte. « J'ai le plaisir de vous informer que je viens de procéder au remboursement de… » au lieu de « Après analyse, j'ai le plaisir au nom de… de vous informer que je viens de procéder à un virement de… »

Éviter la voix passive afin de mettre le sujet et l'action en valeur.

Bannir les participes présents qui alourdissent la phrase.

Privilégier les formulations affirmatives d'autant plus que plusieurs négations se suivent parfois. « Les horaires sont modifiés, le train circule désormais à… » au lieu de « Il n'y a pas de train à cette heure-ci ». « Le voyage écologique : une réalité » au lieu de « L'écologie n'est pas une légende ».

Les phrases sont courtes, vives, quinze mots maximum, et se limitent à la présentation d'une seule idée. Les phrases qui comportent plusieurs informations créent de la confusion : « Ce remboursement s'appliquera au prorata de votre abonnement, sans restriction. »

Proscrire les tournures impersonnelles et les pronoms indéfinis : « Les agents et la production en ressentent les bénéfices dans leur vie quotidienne » au lieu de « On constate une nette amélioration du ressenti au travail qui se traduit par un meilleur état de santé chez les agents et la production qui en ressentent les bénéfices dans leur vie quotidienne ».

Utiliser les verbes d'action au présent de l'indicatif ; l'indicatif étant le mode du réel, il ancre le discours dans le présent du lecteur : « Fin 2011, […] et ses filiales mobilisent un effectif de 1 742 collaborateurs. »

L'impératif à valeur de conseil, en début de phrase ou de proposition, est le bienvenu pour attirer l'attention : « Anticipez votre voyage », « Privilégiez les trajets en période normale ».

Limiter les adverbes, en particulier ceux qui se terminent par le suffixe « ment » : « probablement, occasionnellement ».

Les phrases averbales peuvent être les bienvenues pour illustrer la posture directe : « L'information embarquée » au lieu de « l'information est embarquée ».

Les phrases sont simplifiées et condensées pour être mieux comprises : « Évocation de son périple mené de Marseille aux confins de l'Écosse » au lieu de « Portant la réminiscence d'un périple mené de Marseille aux confins de l'Écosse ».

Résister à l'idée de vouloir tout dire en une phrase. « L'emploi des jeunes est devenu une préoccupation majeure. Le développement de la formation professionnelle est l'une des réponses à ce problème » au lieu de « L'emploi des jeunes est devenu une préoccupation majeure et développer la formation professionnelle est une des réponses que l'on peut apporter à ce problème. »

Échelonnez les idées en allant du plus au moins important dans le cas – rare – où il est plus pertinent de rédiger une phrase au lieu de deux.

La cohérence textuelle

Qu'est-ce qu'un texte ? Vous serez sans doute d'accord avec le fait qu'il ne suffit pas d'aligner un certain nombre de phrases les unes après les autres pour avoir un texte. On peut le définir ainsi : « Un texte est un ensemble structuré et cohérent de phrases véhiculant un message et réalisant une intention de communication[1]. »

Le concept de cohérence textuelle fait référence à cette caractéristique intrinsèque au texte : il est un ensemble structuré et cohérent de phrases écrites pour, par exemple, convaincre un lecteur des bienfaits pour la santé de l'activité physique. Le problème est qu'il est beaucoup plus difficile de comprendre ce qui fait qu'un texte est un « bon texte », et qu'un autre ne l'est pas.

Néanmoins, on est arrivé à dégager quelques grandes règles qui rendent compte de la cohérence d'un texte :

- la continuité (un texte n'est pas du « coq-à-l'âne ») ;
- la progression (un bon texte ne fait pas de sur-place) ;
- la cohésion (des fils conducteurs pour le lecteur) ;
- l'absence de contradiction ;

1. Chartrand Suzanne G. et Mc Millan Gilles, *Cours autodidacte de grammaire française - Activités d'apprentissage et corrigés*, Graficor, 2002.

- la gestion adéquate du temps et de l'espace ;
- l'absence d'ellipses trop fortes.

La continuité. À une époque de précipitation où le numérique morcelle la pensée, créer du lien, de la continuité dans une entreprise est une nécessité Un texte développe un thème (exemple : informer sur un sujet, présenter un point de vue sur des événements, raconter une histoire). Cela n'exclut pas qu'il puisse aborder des idées variées, mais celles-ci doivent être mises en relation. Le lecteur doit pouvoir repérer aisément la structure du texte, savoir où il est rendu… et doit avoir envie de poursuivre.

Ce qu'il faut mettre à profit pour assurer ces relations :

- les connecteurs (logiques et temporels) ;
- les transitions ;
- la division en paragraphes.

La progression. Un texte doit progresser, c'est-à-dire apporter des informations nouvelles. Il peut être construit selon un schéma énumératif ; il peut aller du général au particulier ou procéder par opposition. Plusieurs schémas de texte sont possibles, mais, dans tous les cas, le contenu doit permettre au lecteur d'avancer. L'intérêt du lecteur est l'objectif majeur.

L'absence de contradiction. Un texte doit être logique ; il ne doit pas contenir de contradictions internes concernant le temps, les actions des personnages ou les caractères. Il ne peut pas dire une chose et son contraire.

La gestion adéquate du temps et de l'espace. Il est nécessaire de situer les événements de manière précise, de bien faire la concordance des temps et de préciser également sans ambiguïté les lieux, le passage d'un endroit à un autre.

L'absence d'ellipses trop fortes. C'est un défaut fréquent des textes de rédacteurs inexpérimentés. Un texte ne peut pas tout dire. Cependant, il doit être assez explicite pour permettre au lecteur de reconstruire le sens.

Marquer l'engagement

Les marqueurs de modalité. Les marqueurs de modalité servent à exprimer l'engagement de la personne qui argumente de manière explicite ou implicite. On distingue plusieurs types de marqueurs. « Pour nous, la diversité est un atout majeur. Plus qu'une promesse, c'est un pari que nous voulons tenir. »

Les auxiliaires de modalité (devoir, falloir, pouvoir, paraître, sembler) qui marquent l'engagement de manière explicite. « Nous agissons à la fois sur les comportements et sur les processus de gestion. Pour cela, nous nous engageons auprès de l'ensemble des collaborateurs, mais aussi avec les entreprises partenaires qui interviennent dans le recrutement de nos équipes. »

Les expressions modalisatrices (à notre avis, d'après nous, à notre connaissance, il est important, avoir le mérite de, etc.) qui annoncent de manière explicite un jugement ou un commentaire révélant la présence de la personne qui argumente et son engagement. « Notre métier est d'assurer le plaisir pour chaque envie ! Jus, eaux, boissons plates, gazeuses, diététiques de l'effort, à teneur réduite en sucres ou sans sucres, l'ensemble des marques de Coca-Cola propose une grande diversité de goûts, de sensations et de formats adaptés pour tous les moments du quotidien (Coca-Cola). »

Le vocabulaire connotatif (péjoratif ou mélioratif) exprime un sentiment qui permet de déceler un engagement plus ou moins important :

- les adjectifs ou les noms connotatifs (monstruosité, dégradant, exalté) ;
- les verbes qui annoncent un jugement ou un commentaire (estimer, croire).

Lorsque la personne qui argumente adopte une attitude distanciée, le vocabulaire est plutôt dénotatif. L'emploi du conditionnel et du futur antérieur peut révéler un doute.

Les types et les formes de phrases qui révèlent parfois explicitement ou implicitement une attitude engagée.

Les phrases de types exclamatif, interrogatif ou impératif peuvent exprimer un engagement plus ou moins important.

« Promouvoir la diversité est un engagement fort chez Coca-Cola France. Pourquoi ? Parce que la diversité, au cœur de nos préoccupations, va bien au-delà d'une simple question de principe[1]. »

Dans un texte où le point de vue est distancié, les phrases seront plutôt de type déclaratif ou de forme impersonnelle et contiendront peu ou ne contiendront pas de marqueurs de modalité.

Exercice de style à partir d'une même phrase[2]

« Partez l'esprit libre ! Nos offres et nos services combinés prennent en charge l'ensemble de votre voyage. »

« Parce que nos offres et nos services combinés prennent en charge l'ensemble de votre voyage, vous pouvez partir l'esprit libre. »

« Voyagez l'esprit libre grâce à la conjugaison de nos offres et de nos services. »

« Envie de liberté ? Nos offres et nos services pluriels vous invitent en voyage. »

« Nos offres et nos services combinés se chargent de tout pour vous permettre de partir l'esprit libre. »

.../...

1. Source : site institutionnel Coca-Cola.
2. In *La charte sémantique SNCF* livre III : *La sémantique appliquée*, 2012

.../...

> *« Voyagez l'esprit libre : nos offres et nos services s'occupent de tout. »*
>
> *« Avec nos offres et nos services combinés, vous voyagez en toute liberté. »*

Travailler son style

L'allégorie figure une abstraction par une image, un tableau, souvent par un être vivant.

« Les vernis s'habillent de nouvelles couleurs. »

La métaphore établit une assimilation entre un comparé et un comparant qui sont rapprochés sans outils de comparaison. Une métaphore filée est développée et poursuivie sur plusieurs mots.

« Le nouveau Tram vole sur les rails. »

L'anaphore est une répétition d'une même expression ou d'un même mot en début de phrase ou de vers.

« Parce que la sécurité est essentielle, parce que la mobilité est une liberté, parce que l'argent ne doit pas être un obstacle, Midi Luce offre à tous des voyages au meilleur prix. »

La litote consiste à dire moins pour suggérer davantage.

« On n'est pas loin de… » pour dire « On est près de… ».

L'euphémisme consiste à remplacer une expression littérale par une formulation adoucie. « Les non-voyants » pour « Les aveugles ».

Usage de la citation

La citation permet :

- de légitimer le discours ;
- d'aérer le texte et de rompre la monotonie de lecture ;

- de se rapprocher du lecteur (cf. loi de proximité), en introduisant du relationnel face au rationnel ;
- de mettre en avant la personne citée.

Il y a trois types de citation :

- la citation à valeur d'illustration, qui a recours à un discours stéréotypé (« je vous ai compris ») dans lequel se retrouvera le lecteur ;
- la citation à valeur de caution, empruntée à une autorité reconnue (un top manager ou, mieux encore, une personne extérieure pour renforcer la crédibilité du discours) ;
- la citation plus originale, émise par un porte-parole ayant le sens de la formule.

Écriture numérique[1]

Les indispensables

- Une mise en scène parfaitement lisible, avec un parcours de lecture (titres, sous-titres qui permettent une lecture diagonale)
- Un vocabulaire au plus proche des aspirations et des sujets par lesquels les lecteurs vous trouvent dans les moteurs de recherche
- Une mise à jour régulière des contenus, des sources fiables et indiquées
- Un message qui part des besoins de l'utilisateur, qui lui est immédiatement utile
- Un style et un ton qui expriment la personnalité de votre marque
- Une rédaction qui indique clairement ce que l'on attend du lecteur : acheter, commander, partager, s'abonner…
- Une orthographe, une grammaire, une syntaxe irréprochables

1. In *La charte sémantique numérique* SNCF, 2011, Paris.

À privilégier

- Une ergonomie et une navigation simples, fluides, évidentes
- Des histoires, des témoignages, de l'émotion pour illustrer et capter l'attention
- Une idée ou une description par paragraphe, tout au plus 5 ou 6 lignes par paragraphe
- Les informations principales en tête : Qui ? Quoi ? Quand ? Comment ? Pourquoi ?
- Des éléments factuels pour fournir des informations utiles (citations, chiffres, références…)

À proscrire

- Bannir le jargon professionnel, les acronymes incompréhensibles, les mots ambigus ou les abréviations
- Ne pas dépasser 400 à 500 signes par bloc de texte
- Interdire les tonalités trop publicitaires ou commerciales
- Éviter les lettres capitales dans le corps du texte

Écriture de la conversation

La conversation peut être relayée sur tous les contenus de marque. Elle est fortement reliée au service. Savoir incarner la conversation sur tous les supports nécessite certaines clés d'écriture.

Le contenu de marque est incarné dans la langue et les écrits de la relation clients à la fois pour informer, conquérir, fidéliser, positionner la marque. Les exemples qui suivent sont extraits des sites et réseaux sociaux de la marque de produits de beauté Bourjois.

La marque donne sa propre définition de son positionnement numérique : le langage qu'elle déploie en ligne a pour but d'entretenir et d'approfondir la relation avec la clientèle, mais il n'est pas un substitut à la relation directe en magasin. C'est une autre manière de suggérer les produits et les soins, leur texture et leur odeur, par des mots et des photos et une posture complice et amicale envers la clientèle.

Pour compenser l'absence de présence physique, le handicap du Web, la marque fournit des efforts pour nourrir la relation avec sa clientèle. L'un des ressorts de ce langage est la possibilité pour les clients d'interagir.

Bourjois : « Le lundi c'est sourire, 14 février : rose frisson, rose coup de foudre … Belle fête les amoureuses ». La marque utilise une langue gaie, pétillante, fraîche. Elle sait privilégier un langage raffiné sans familiarité, centré sur la clientèle.

La marque prend la peine de répondre de manière personnelle, la cliente est nommée, la réponse spécifique :

Claire, internaute : « Bonjour, Est-ce que vos fonds de teint sont non comédogènes ? Et si oui, lesquels ? Merci de votre réponse. »

Jen@BourjoisParis : « Bonjour Claire, Nous avons effectué des tests de non-comédogénicité sur nos fonds de teint Flower perfection, Healthy mix serum, 123 perfect, BB cream et sur la Poudre libre. Belle journée ! »

Le degré de proximité créé est très important, car Bourjois parle de manière multiple, mais complice. L'exclusion d'emblée de la gent masculine du site, par le biais des marques du destinataire, renforce encore cette proximité : « belle soirée à toutes ».

Sur Facebook, le dialogue débute toujours de manière impromptue, sans formules de civilité du type « Chères clientes ». L'amorce essaie le plus souvent de piquer la curiosité du public.

Faisant appel aux commentaires des internautes et les incitant à se raconter, Bourjois se place dans une dynamique de communication narrative. Même si Facebook a un rôle plus important pour établir le dialogue, et que l'e-boutique est centrée sur la vente, on ne peut pas parler d'un partage strict des fonctions. Car Facebook présente aussi des produits, tout comme les blogs co-marqués.

Formules d'interpellation et d'implication

« Préparez vos pinceaux et vos vernis… et à très vite ! ! ! »

« Alors, qui change 10 fois plus de vernis qu'avant ? »

« Judith nous a posé une colle tout à l'heure sur Twitter : "C'est quoi la couleur incontournable de vernis cet été ? S'il ne devait y en avoir qu'un seul ?" En ce moment on est d'humeur Bleu Water… et vous, vous répondriez quoi ? »

Sur Twitter, pas de formalisme : la marque cultive l'immédiateté, les réponses rapides et spontanées.

« Bourjois @BourjoisParis @didoline Merci merci ça me rassure ! »

« Bourjois@BourjoisParis @ModernGirlFr Parce que tu gagnes à chaque fois ? »

Un vrai dialogue se met en place sur les réseaux sociaux. La marque répond, elle laisse la porte ouverte aux questions et aux commentaires.

Clore le dialogue se fait de deux manières, par des formules d'interpellation et d'implication : « Rose Frisson ou Rose Coup de Foudre ce soir ? Belle fête les amoureuses ! » ou par des appels à revenir et ils sont nombreux, c'est même un motif récurrent pour clore les billets sur Facebook : « À très vite ! ! ! Très beau week-end et à lundi pour une journée très vernis ! Belle journée et que la chance soit avec vous ! »

Écriture épistolaire

L'énonciation

Les énonciateurs – je, nous, vous – transforment le discours en conversation :

- ils créent l'illusion d'un dialogue ;
- ils impliquent deux interlocuteurs de façon réelle ;
- ils positionnent la relation dans le présent ;
- ils montrent que le problème est pris en compte de façon personnalisée et non pas anonyme.

Quelques formules d'introduction possibles

« Votre lettre du… attire mon attention sur… »

« C'est avec la plus grande attention que j'ai pris connaissance de votre lettre du… »

« Votre lettre du… exprime… »

« Dans votre lettre du…, vous exprimez… »

« C'est avec beaucoup de soin que j'ai lu votre lettre du… »

« J'ai bien reçu votre lettre du…

« Je vous remercie d'avoir appelé mon attention sur… »

« Le…, vous m'avez fait part de… »

« Le…, vous m'avez alerté sur… »

Quelques formules de conclusion possibles

« Je reste à votre entière écoute, et vous prie de croire à… »

« Je demeure à votre service… »

« J'espère pouvoir compter sur votre compréhension… »

« Je vous renouvelle mes regrets… »

« Je souhaite que l'affaire en cours trouve une solution rapide et satisfaisante… »

« Je reste attentif à vos demandes… »

« J'espère que ces précisions vous convaincront du bien-fondé de cette position… »

« Je vous remercie par avance pour votre compréhension et la rapidité de votre réponse… »

« Je ne peux que vous confirmer l'impossibilité… »

« Je me vois contraint de souligner… »

« Je me trouve dans l'obligation de répondre par la négative… »

« Dans l'état actuel de…, il m'est impossible d'accéder… »

« Dans ce cas précis, la réponse de l'entreprise [nom] ne saurait être favorable. »

Comment transmettre l'empathie

Certains mots seront mieux acceptés que d'autres, utilisez-les :

Dès réception / ~~à réception~~

Avoir bien reçu / ~~accuser réception~~

Indiqué ou mentionné / ~~cité en référence~~

Répondre / ~~donner suite~~

Selon / ~~conformément à~~

Faire bénéficier / ~~ouvrir droit à~~

Si, sauf si / ~~sous réserve de~~

Effectuer / ~~procéder~~

La périphrase permet aussi de contourner les mots qui fâchent.

Les grandes règles de la ponctuation et de la typographie dans une lettre

Un texte lisible est un texte qui bénéficie d'une bonne « maniabilité » de lecture : la qualité de sa présentation favorise ainsi la compréhension et la mémorisation immédiates de son contenu. Pour qu'un texte soit lisible, il doit, entre autres :

- faire un usage approprié de la ponctuation, à la fois d'un point de vue formel – les règles de ponctuation – et d'un point de vue intelligible – sens de la ponctuation ;
- respecter les usages typographiques.

Les usages typographiques répondent à des règles de présentation strictes. Celles-ci sont à respecter scrupuleusement.

Un espace après chaque signe de ponctuation simple (le point et la virgule).

Un espace avant et après chaque signe de ponctuation double (point-virgule, deux points, points d'exclamation et d'interrogation, tiret, guillemets français).

Aucun espace avant et après le trait d'union, l'apostrophe, l'ouverture et la fermeture des guillemets lorsqu'ils sont en tête ou en fin de phrase :

Non : le programme «Amélioration des écrits».

Oui : le programme « Amélioration des écrits ».

Les noms de personnes :
Non : A.DUPONT
Oui : A. Dupont

Les nombres (espacements et espaces insécables) :

Non : 6000 exemplaires de nos magazines bi-mensuels sont distribués: 1500 à Paris et 4000 en province.

Oui : 6 000 exemplaires de nos magazines bi-mensuels sont distribués : 1 500 à Paris et 4 000 en province.

Les numéros de téléphone :

Non. Tel: 01.45.62.01.23.

Oui. Tél. : 01 45 62 01 23

Les majuscules ne s'emploient que dans le cadre de la ponctuation, et uniquement lorsqu'elles s'imposent.

Les mots en majuscules ne sont employés que dans le cas des sigles et abréviations.

Par exemple : SNCF.

Lorsque le sigle est connu de tous, il n'est pas nécessaire de préciser sa signification. En revanche, les abréviations inconnues figurent en toutes lettres lors de leur première utilisation dans le texte, suivies, entre parenthèses, du sigle correspondant.

Par exemple, on écrira : la Direction opérationnelle territoriale du Courrier (DOTC).

On ne met pas de majuscule lorsque l'on fait référence à la fonction ; la fonction n'en prend pas, à l'inverse de ce qui la qualifie : le président de la République, le Premier ministre, le directeur des Ressources humaines, la médiatrice de la Vie au travail.

En revanche, la courtoisie veut que l'on en mette une quand on s'adresse directement à une personne (par exemple pour l'adresse d'une lettre) : Madame la Présidente, Monsieur le Directeur, Madame la Médiatrice.

Pour les raisons sociales, seul le premier nom (et, éventuellement, les adjectifs qui le précèdent) prend une majuscule : la Sécurité sociale, l'Association pour le bon usage de la majuscule, la Fédération française des établissements bancaires, la Société générale.

Les jours et les mois ne prennent pas de majuscule : le mardi 19 juin 1975.

Prennent des majuscules :

- les noms géographiques : la région Bretagne, la mer Méditerranée, le pôle Nord ;
- les prix : le prix Nobel, le prix Goncourt ;

- les noms de marque : un Frigidaire, une Durit, du Nylon, etc. ;
- les noms de produit : un contrat Dix sur dix.

Concernant les titres d'œuvre :

- pour une phrase entière, on met une majuscule à la première lettre du titre : *J'irai cracher sur vos tombes* (Boris Vian) ;
- pour un titre relié par « et », on met une majuscule à la lettre initiale et aux noms qui précèdent et succèdent : *Le Rouge et le Noir* (Stendhal) ;
- quand l'adjectif précède le nom, il prend une majuscule : *Le Petit Chaperon rouge* (Charles Perrault).

Ainsi, on écrira : le Code civil, le Code des assurances.

Savoir dire non

« Malheureusement, il ne m'est pas possible de répondre favorablement à votre demande. Croyez que je le regrette vivement. »

« Toutefois, et malgré nos recherches, il n'existe actuellement… »

« Malheureusement, je suis au regret de vous annoncer… »

Auto-évaluer son écrit

Sur le fond :

- le plan type de la lettre a-t-il été respecté ?
- la contextualisation reprend-elle correctement la demande principale du destinataire et, éventuellement, ses attentes secondaires ?
- les arguments sont-ils clairs avant d'être précis ? Quels sont les éléments qui ne sont pas indispensables à la compréhension de la lettre et qui pourraient être supprimés ?
- les différents arguments s'enchaînent-ils avec logique ? Des connecteurs ont-ils été ajoutés, et sont-ils cohérents avec la logique argumentaire choisie ?

- la décision est-elle annoncée après le paragraphe de contextualisation, de manière à la fois ferme et empathique ? Ma lettre possède-t-elle force et grâce ? Ai-je pu insérer un paragraphe de valeur ajoutée ? Si ce n'est pas le cas, la formule de politesse s'accompagne-t-elle d'une phrase qui crée une relation et ne fait pas apparaître la formule de façon sèche ?

Sur la forme :

- la lettre n'est-elle pas trop bavarde ? Une page de préférence, jamais plus de deux, toutefois certaines lettres délicates nécessitent un exposé didactique qui peut demander un développement ;
- chaque paragraphe exprime-t-il une seule et même grande idée ?
- les phrases sont-elles suffisamment concises et percutantes ? Expriment-elles bien une seule « sous-idée » ?
- le maximum de verbes faibles a-t-il été supprimé ? (auxiliaires, modaux) ;
- le vocabulaire est-il simple et naturel ? Les acronymes et les mots « métiers » ont-ils été évités, ou sont-ils au moins expliqués ?
- les formules administratives ont-elles été bannies ?
- n'y a-t-il pas de formules impératives ou comminatoires ?

Variez votre lexique

Des synonymes contre l'usure

Offre : facilité, proposition, solution

Service : aide, appui, secours, soin, soutien

Satisfaction : bien-être, contentement, plaisir, raison

Garantir : assumer, assurer, attester, certifier, prendre en charge, se charger de, soutenir, témoigner…

Offrir, proposer : afficher, avancer, donner, fournir, présenter, servir…

Satisfaire : contenter, convenir, exaucer, fidéliser, obéir à, plaire, répondre à…

Innovant, nouveau : créatif, inédit, neuf, novateur, original…

Performant : concurrentiel, efficace, énergique, fort…

Inventif : astucieux, créatif, habile, imaginatif, ingénieux…

Attentionné : accueillant, empressé, prévenant, qui est à l'écoute de, respectueux, serviable…

Direct : droit, franc, naturel, ouvert, net, simple, spontané…

De confiance : courageux, franc, ouvert, rassurant, sûr…

Utiliser les dictionnaires qui sont une aide sans commune mesure. Vous avez à votre disposition des dictionnaires :

- de synonymes,
- analogiques,
- d'antonymes,
- étymologiques,
- des difficultés de la langue française,
- des nuances,
- des symboles.

et aussi une grammaire Bled ou Bescherelle.

Éviter les tournures devenues obsolètes

Certaines expressions sont usées par un emploi trop fréquent. Elles peuvent être remplacées.

Objectif : but, cible, dessein, fin, intention, mission, objet, programme, projet, tâche, visée, vue…

Majeur : capital, considérable, éminent, essentiel, exceptionnel, grand, haut, important, prédominant, prééminent, premier, prépondérant, primordial, principal, profond, significatif, substantiel, supérieur…

Ambitieux : déterminé, volontariste, de haut niveau, élevé…

Étape : degré, échelon, jalon, palier, parcours, période, phase, stade, temps…

Décisif : capital, concluant, convaincant, crucial, déterminant, fort, important, incontestable, irréfutable, magistral, prépondérant, principal, probant…

Faire face, répondre : affronter, braver, envisager, faire front, parer, pourvoir, réagir, remédier, résister, s'opposer, satisfaire, se préparer, soutenir…

Exigences : aspirations, besoins, conditions, contraintes, demandes, désirs, impératifs, nécessités, obligations, occurrences, réclamations, règles, résolutions, revendications…

Éviter la langue de bois, les formules creuses et les anglicismes

Langue de bois

- Adaptation de tous les instants
- Base logique d'organisation basique
- Défis à relever
- Évolutions majeures de l'environnement
- Fédérer les champs de compétence
- Logique de gestion intégrée
- Nouveaux horizons

- Privilégier l'innovation performante
- Réactivité de tous les instants
- Sphère de compétences
- Management de dimension humaine
- Nécessaire mobilisation des énergies et des hommes

Formules creuses

- Une démarche volontaire
- Mise en place d'un certain nombre de procédures internes
- Faire l'objet d'un contrôle plus rigoureux

Anglicismes

- Adresser une issue
- Implémenter
- Relation win/win
- Reporting
- Impacter

« Je vous contacte aujourd'hui pour que nous puissions voir ensemble si les résultats observés <u>impacteront</u> nos vies et si oui, quels sont les <u>packages</u> de mesures à entériner » (les anglicismes sont soulignés).

Chasser les termes dont on abuse

Gérer	Problématique
Finaliser	Crucial
Permettre	Compétitivité
Proposer	Fondamentaux
Intervenir	Vocation
Problématiser	Innovation

Optimiser
Impacter
Opérer
Contacter
Générer
Innover
Valider
Finaliser
Intégrer
Supporter

Engagement
Responsabilité
Création
Croissance
Développement
Vrai
Réel
Abordable
Politiquement correct

Se méfier des mots à la mode

Exemples : gérer, générer, création, croissance, développement, engagement, responsabilité, crise, abordable, comparable, vrai, réel, politiquement correct, impacter, supporter.

Exemple : gérer

Le trésorier gère les finances du club.

Le professeur gère sa classe.

Le geek gère ses logiciels.

Elle gère très bien son stress.

Éviter les verbes passe-partout « être » et « avoir »

« Avoir » peut être remplacé par : posséder, attraper, conquérir, obtenir.

« Être » peut être remplacé par : devenir, demeurer, faire, vivre, se trouver.

Éviter les phrases creuses

« Hier, nous étions au bord du gouffre mais au jour d'aujourd'hui, nous avons fait un grand pas en avant. »

« Il va sans dire – et d'ailleurs vous n'êtes pas sans le savoir – que les propos que vous tenez appartiennent au domaine du politiquement correct. »

Repérer les fautes de grammaire les plus courantes

« Après que » est suivi d'un verbe à l'indicatif.

Exemple : « Après qu'il est arrivé… » ou encore mieux : « Après son arrivée… »

« D'autant plus » est toujours suivi de « que » : « Le président est d'autant plus satisfait des résultats obtenus par son comité exécutif que celui-ci a été renouvelé récemment. »

« Pallier » est suivi d'un complément d'objet direct : « Pallier un manque de connaissances par un aplomb inattendu. »

Le mot « espèce » est du genre féminin, même si le mot qu'il qualifie est du genre masculin : « une espèce de bagage ».

« Par contre » peut très bien s'employer, à condition d'être suivi par des propos négatifs : « Nous sommes partis en vacances en juillet comme nous le voulions ; par contre, nous avons dû faire face aux embouteillages. »

« En revanche » est réservé à des propos positifs : « Nous avons dû prendre nos vacances en juin ; en revanche, nos avons été épargnés par les embouteillages. »

« Être convenu de » est plus correct que « avoir convenu ».

Règles de l'Imprimerie nationale

Les chiffres s'écrivent en lettres sauf les dates.

Les lettres qui portent des accents quand elles sont minuscules portent aussi ces accents quand elles sont écrites en majuscules.

Les espaces avant et après les signes diacritiques : tous les signes composés de deux éléments s'écrivent avec un espace avant et après ; les autres s'écrivent avec un espace après seulement.

Ainsi : les ; et les ! et les ? se notent avec un espace avant et après.

Les , et les . s'écrivent avec un espace après.

Les abréviations d'usage sur Twitter

@ pour les réponses

désigne des sujets

DM pour Direct Message, en conversation privée

FF pour FollowFriday, pour signaler, chaque vendredi, aux abonnés d'un compte les personnes les plus intéressantes à suivre sur Twitter

HT (*Heard Through*), pour « entendu par le biais de »

LT pour *Live tweet*, un tweet en direct lors d'un événement

OH pour « on m'a dit que » (*OverHeard*)

RT pour re-tweeter

TL pour *Time Line*, un flux Twitter classé par ordre chronologique

TT pour *Trend Topic*, ou sujet jugé tendance par Twitter

Table des cas

LIR (Laboraoires internationaux de recherche) 51
Le site Internet de Starbucks 57
Le film corporate Valeo.. 66
Le rapport annuel RSE de la SNCF 72
Le journal interne SNCF : le sommaire.................................. 94
Nouveaux contrats pour Fret SNCF 96
Point de vue d'un agent dans le cadre d'un reportage 97
Motoscout : les trois onglets et leurs rubriques 107
Les dépêches réservées aux abonnés intranet SNCF 110
L'atelier de storytelling 126
Une histoire de témoignage(s).. 129
Lindt : le chocolat qui sait se raconter.................................. 133
B&YOU 148
L'Apec.. 152
Viadeo : les dépêches.. 153
Michel et Augustin : « Pas de pub, juste le produit
et le packaging » 159
Air France 166
Club Med 182
Les écrits de la banque Monnaix 184

Les chemins de fer ÖBB 190
Les écrits de Votre Déco Maison&Jardin 195
Nouveau suicide chez France Télécom :
le gouvernement doit assumer son rôle d'actionnaire 211
Nutella et l'huile de palme 213
Un modèle de lettre 221
Deux modèles de lettre 222

Bibliographie

Généralités et langue française

Bonnard Henri, *Code du Français courant*, Magnard, 1990.

Bonnard Henri, *Procédés annexes d'expression*, Magnard, 1982.

Bouchard Pascal, *Anti-manuel d'orthographe*, Victoire Éditions, 2008.

Chartrand Suzanne G. et Mc Millan Gilles, *Cours autodidacte de grammaire française - Activités d'apprentissage et corrigés*, Graficor, 2002

Colin Jean-Paul, *Dictionnaire des difficultés du français*, Les Usuels du Robert, 1993

Druon Maurice, *le « Bon Français »*, le Rocher, 1999

Grevisse Maurice, *La force de l'orthographe*, Duculot Louvain, 2004

Houdart Olivier et Prioul Sylvie, *La Ponctuation, ou l'art d'accommoder les textes*, Seuil, 2006

Fumaroli Marc, *L'Âge de l'éloquence : rhétorique et « res literaria » de la Renaissance au seuil de l'époque classique*, Droz, 1990

Pruvost Jean, *Les dictionnaires français, outils d'une langue et d'une culture*, Ophrys, 2006

Pruvost Jean, *Citations de la langue française*, Bordas, 2008

Maingueneau Dominique, *Précis de grammaire pour les concours*, Dunod, 1999

Riegel Martin, Pellat Jean-Christophe et Rioul René, *Grammaire du français méthodique*, PUF, 1994

Salah Mehri, *Le figement linguistique : la parole entravée*, Honoré Champion, 2011

Soutet Olivier, *Syntaxe du français*, PUF, collection Que sais-je ?, 1989

Stachak Faly, *Écrire, un plaisir à la portée de tous*, Eyrolles, 2004

Wagner Robert et Pinchon Jacqueline, *Grammaire du français*, Hachette Supérieur, 1991

Écrits sur la lettre et la correspondance

Brighelli Jean-Paul, *L'épistolaire*, Magnard, 2003

Gérard S., *La correspondance*, Nathan, 1992

Handke Peter, *L'Histoire du crayon*, Gallimard, 1987

Haroche-Bouzinac Geneviève, *L'épistolaire*, Hachette, 1995

Essais

Cyrulnik Boris, *La Naissance du sens*, Hachette Littérature, 1998

Delerm Philippe, *Je vais passer pour un vieux con,* Seuil, 2012

Lenhardt Vincent et Bernard Philippe, *L'Intelligence collective en action*, Village mondial, 2009

Le Picard Olivier, Adler Jean-François et Bouvier Nicolas, *Lobbying, les règles du jeu*, Édition d'Organisation, 2000

Techniques d'écritures et manuels

Godin Seth, *Les Secrets du marketing viral,* Maxima, 2011

Mouriquand Jacques, *L'Enquête,* Les Éditions du CFPJ, 1994

Nishimata Aline, *Les Formules types du courrier d'entreprise,* Gualino éditeur, 1998

Reuter Yves, *L'Analyse du récit,* Armand Collin, 2009

Écrits sur le numérique

Arpagian Nicolas, *La Cyberguerre. La guerre numérique a commencé,* Vuibert, 2009

Balagué Christine et Fayon David, *Facebook, Twitter et les autres,* Pearson Village Mondial, 2010

Créplet Frédéric, Jacob Thomas, *Réussir un projet intranet 2.0,* Éditions d'Organisation, 2011

Fanelli-Isla Marc, *Guide pratique des réseaux sociaux, Twitter, Facebook...Des outils pour communiquer,* Dunod, 2010

Fillias Édouard et Villeuneuve Alexandre, *E-Réputation. Stratégies d'influence sur Internet*, Ellipses, 2e édition, 2012

Pisani Francis et Pitott Dominique, *Comment le Web change le monde*, Village mondial, 2008

Écrits sur les médias

Bordeau Jeanne, *L'Art des relations presse*, Éditions d'Organisation, Eyrolles, 2001

Bordeau Jeanne, *Le dossier de presse et le communiqué de presse,* Éditions d'Organisation, Eyrolles, 2009

Breton Stéphane, *Télévision,* Grasset, 2005

Gélard Jean-Pierre, *Médias, mensonges et démocratie...*, PUF, 2004

Mc Luhan Marshall, *Pour comprendre les médias*, Seuil, 1968

Mathieu Michel, *Les Journalistes – Histoire, pratique et enjeux*, Ellipse Marketing, 2007

Morel Philippe, *Relations presse, les gérer et les rentabiliser avec Internet*, Vuibert, 2008

Paul Albert, *Histoire de la presse*, PUF, 1999

Poulet Bernard, *La Fin des journaux et l'avenir de l'information*, Gallimard, 2009

Écrits sur la mise en récit

Bordeau Jeanne, *Storytelling et Contenu de marque, la puissance de l'écrit à l'ère numérique*, Ellipses, 2012

Clodong Olivier et Chetochine Georges, *Le Storytelling en action*, Eyrolles, 2009

Meuleman François, *Storytelling. On va tout vous raconter*, Edipro, 2009

Salmon Christian, *Storytelling, La machine à fabriquer des histoires et à formater les esprits*, La Découverte, 2008

Thibault Philippe-Michel, *Le Roman d'Air France*, Gallimard, 2003

Écrits sur la marque

Bô Daniel et Guével Mathieu, *Comment les marques se transforment en médias*, Dunod, 2009

Bordeau Jeanne, *Entreprise et marque, Les nouveaux codes de langage*, Édition d'Organisation, 2010

Kapferer Jean-Noël, *La Marque en question*, Dunod, 2006

Variot Jean François, *La Marque post publicitaire*, Village Mondial, 2001

La communication et les relations publiques

Barfoot Caroline, Burrtenshaw Ken et Nik Mahon, *Les Fondamentaux de la publicité*, Pyramid, 2009

Bordeau Jeanne, *La boîte à outils du chargé de communication*, Eyrolles, 2011

Chouchan Lionel et Flahault Jean-François, *Les relations publiques*, PUF, 2007

Delecourt Nicolas, *Faites vous-même votre journal*, Puits Fleuri, 2004

Giuily Eric, *La Communication institutionnelle*, PUF, 2009

Lévy Maurice, *Les cent mots de la communication,* PUF, 2006

Libaert Thierry, *Le plan de communication*, Dunod, 2003

Libaert Thierry, *La Communication de crise,* Dunod, 2010

Libaert Thierry et Almeida Nicole (d'), *La Communication interne de l'entreprise,* Dunod, 2004

Libaert Thierry, Marco André (de), *Les Tableaux de bord de la communication*, Dunod, 2006

Morel Philippe, *Dictionnaire de communication d'entreprise*, Vuibert, 2006

Ogrizek Michel et Guillery Jean-Michel, *La Communication de crise*, PUF, 1997

Rencker Edouard, *Le Nouveau Visage de la com' interne*, Éditions d'Organisation, 2008

Wolton Dominique, *Informer n'est pas communiquer*, CNRS, 2009

Wolton Dominique, *L'Autre Communication*, Flammarion, 2003

Composé par Sandrine Escobar
Achevé d'imprimer JOUVE-Mayenne
N° d'imprimeur : 2095703Z
N° d'éditeur : 4679
Dépôt légal : juin 2013
Imprimé en France